Interpretationen

Brechts Dramen

Herausgegeben von
Walter Hinderer

Philipp Reclam jun. Stuttgart

Universal-Bibliothek Nr. 8813
Alle Rechte vorbehalten
© 1995 Philipp Reclam jun. GmbH & Co., Stuttgart
Gesamtherstellung: Reclam, Ditzingen. Printed in Germany 1995
RECLAM und UNIVERSAL-BIBLIOTHEK sind eingetragene
Warenzeichen der Philipp Reclam jun. GmbH & Co., Stuttgart
ISBN 3-15-008813-5

Inhalt

Vorwort

Bertolt Brecht hat es als Dramatiker und Lyriker nicht immer leicht gehabt. Nicht selten galt er sowohl in ästhetischer als auch in politischer Hinsicht als Skandalon, als Bürgerschreck. Es dauerte überdies ziemlich lange, bis seine Stücke nach 1945 in Westdeutschland aufgeführt und seine Gedichte, den Einfluß von Gottfried Benns Lyrik ablösend, rezipiert wurden. Dabei hatte Herbert Ihering schon am 5. Oktober 1922 festgestellt: »Der vierundzwanzigjährige Dichter Bert Brecht hat über Nacht das dichterische Antlitz verändert. Mit Bert Brecht ist ein neuer Ton, eine neue Melodie, eine neue Vision in der Zeit.« Doch was war dieser neue Ton, diese neue Melodie, diese neue Vision? Ihering sah es damals so: »Brecht empfindet das Chaos und die Verwesung körperlich. Daher die beispiellose Bildkraft der Sprache. Diese Sprache fühlt man auf der Zunge, am Gaumen, im Ohr, im Rückgrat. Sie läßt Zwischenglieder weg und reißt Perspektiven auf. Sie ist brutal sinnlich und melancholisch zart. Gemeinheit ist in ihr und abgründige Trauer. Grimmiger Witz und klagende Lyrik. Brecht sieht den Menschen. Aber immer in seiner Wirkung auf den anderen Menschen. Niemals steht bei ihm eine Gestalt isoliert.«

Auch nach seiner marxistischen Wende, welche die anarchistischen und chaotischen Tendenzen in ihm zugunsten einer optimistischeren Geschichtsauffassung zurückdrängten, erlosch keineswegs seine »Lust an Widersprüchen«. Im Gegenteil: in Anlehnung an Karl Korsch formulierte er in den marxistischen Studien »kritischen Marxismus« als »Drängen auf die Krise hin, Herauswicklung der Widersprüche, die Kunst des praktischen Negierens, als eine Kritik, die [...] im Hinblick auf eine bestimmte mögliche Lösung kritisiert«. In den »Nachträgen zum Kleinen Organon« verkündet er außerdem programmatisch: »Das Thea-

ter des wissenschaftlichen Theaters vermag die Dialektik
zum Genuß zu machen.« Das epische, nicht-aristotelische
oder wissenschaftliche Theater waren im Grunde nur verschiedene Begriffe für das Dialektische in der Ästhetik. Gerade weil Welt und Geschichte sich ständig veränderten,
mußten immer wieder neue ästhetische Möglichkeiten gefunden werden, um diese Veränderungen zu fassen und dar-
zustellen. Brecht verlangte nicht nur »neue«, dialektische
Darstellung, sondern auch eine, die »ihrem Stoff seine Widersprüche« ließ, »ihre lebendige, das heißt allseitige, nicht
zu Ende zu formulierende Form«.

Sein Sinn für produktive Dialektik und seine angeborene
Freude am Zweifel führten ihn nicht selten in Konfliktsi-
tuationen mit dem eigenen politischen Lager. Solcher Zwie-
spalt mit der Lehre taucht zuweilen sogar – beabsichtigt
oder unbeabsichtigt – in den Lehrstücken auf, in denen –
wie etwa in der *Maßnahme* – selbst die marxistischen Klassiker an der realen Praxis gemessen und wenigstens für
kurze Zeit außer Kurs gesetzt werden; »denn der Mensch,
der lebendige, brüllt, und sein Elend zerreißt alle Dämme
der Lehre«. Brecht liebte es, wie auch Marianne Kesting bei
einem Besuch 1954 feststellen konnte, »eine ganze Welt von
Denkgewohnheiten zweifelhaft zu machen«, kurzum: fest-
gefahrene Meinungen in Frage zu stellen. Nicht von unge-
fähr hält ihn Friedrich Dürrenmatt wie ähnlich auch sein
Landsmann Max Frisch für »die extremste Form des sen-
timentalischen Dichters«. Und wie wir wissen, hatte der
junge Brecht in der Tat davon gesprochen, ein »anderer
Schiller« werden zu wollen. Wie bei dem Weimarer Klassiker wird auch für ihn der Verbindung von dramatischen Ex-
perimenten und ästhetischer Theorie selbstverständlich.

Doch wie steht es heute mit der Wirkung dieses inzwischen selbst zum Klassiker avancierten Rebellen, der so aus-
dauernd vor der »Einschüchterung durch Klassizität« gewarnt hatte? Hellmuth Karasek stellte dazu im *Spiegel* bereits am 27. Februar 1978 lakonisch fest: »In diesem Februar

wäre Bertolt Brecht achtzig Jahre alt geworden, und seine Wahlheimat, die DDR, feierte ihn wie einen Dichterfürsten.« Und in der Bundesrepublik? Schon 1968 äußerte sich der junge Dramatiker Peter Handke über den Klassiker aus Augsburg ebenso selbstbewußt wie herablassend: »Seine Denkmodelle scheinen mir, wenn ich an die Kompliziertheit meines eigenen Bewußtseins denke, allzu vereinfacht und widerspruchslos.« Er spricht von Brechts »Idyllen« und »Weihnachtsmärchen«, die heute nicht mehr viel bedeuteten. Selbst wenn Handkes Position nicht als repräsentativ für die Einschätzung des Dramatikers Brecht gelten kann, es dürfte keine Frage sein, daß seine Wirkung bei uns nachgelassen hat, daß seine Stücke im Gegensatz zu früher weder zu provozieren noch anzuregen scheinen. Man konnte in der Presse auch bereits die Schlagworte von einer »Eiszeit für Brecht«, von einer allgemeinen »Brecht-Müdigkeit« lesen. Hellmuth Karasek meinte in diesem Zusammenhang: »Brechts Stücke sind im Laufe der Jahre immer weniger neugierig geworden, weil sie von vornherein schon alles wußten. Brecht, der in der *Heiligen Johanna der Schlachthöfe* das Chicago des Hochkapitalismus auf die Bühne baute, besuchte die Chicagoer Schlachthöfe während seiner amerikanischen Emigration nie: Seine Theorie kannte sie bereits besser.« Andererseits gibt es auch in seiner Theorie immer wieder Risse, wird sie nicht selten ebenso von Fragen und Zweifeln heimgesucht wie seine Stücke.

Der vorliegende Sammelband beruht auf dem umfangreichen, inzwischen vergriffenen Titel *Brechts Dramen. Neue Interpretationen*, hrsg. von Walter Hinderer, Stuttgart 1984, der auch eine ausführliche Bibliographie (S. 405–445) und »Daten zu Leben und Werk« (S. 369–404) enthält. Die neue Publikation beschränkt sich auf die Interpretation der wichtigsten Dramen Brechts. Am Schluß jedes Beitrags, der den Stand der neuesten Forschung reflektiert, finden sich aktualisierte bibliographische Hinweise. Der Band möchte dazu anregen, einen Autor, um den es nach der Wende an der literarischen Börse fast noch stiller geworden ist, unverstellt und jenseits der traditionellen deutschen Dichotomien, kurzum: mit anderen Augen zu lesen. Vielleicht reizt die unverstellte Optik zu neuen Entdeckungen eines bekannten Klassikers.

W. H.

Der katholische Einstein: Grundzüge der Brechtschen Dramen- und Theatertheorie

Von Reinhold Grimm

Kein Zweifel, Bertolt Brecht kann als wichtigster und einflußreichster deutschsprachiger *Theaterdichter* des 20. Jahrhunderts gelten. Was sein Schaffen vor allem auszeichnet, ist die Verbindung von Stückeschreiber und Bühnenpraktiker, die sich in ihm – hauptsächlich durch seine Regietätigkeit, wenn auch beileibe nicht ausschließlich durch sie – so eindrucksvoll verkörperte. In dieser Hinsicht, der einer unauflöslichen Einheit von Dichter und Theatermann, läßt sich Brecht in der Tat nur mit den griechischen Klassikern, mit Shakespeare oder Molière vergleichen.

Hinzu kommt jedoch, daß Brecht als *Theoretiker* ebenso groß und wichtig war wie als *Praktiker*, und zwar wiederum des Dramas *und* des Theaters. Wer, vollends unter den Neueren, käme ihm darin gleich? Weder Antonin Artaud noch Erwin Piscator, weder Konstantin Stanislavskij noch George Bernard Shaw oder Samuel Beckett können sich im Sinne einer solchen doppelten Personalunion – Theoretiker *und* Praktiker des Dramas *und* der Bühne – mit dem Augsburger messen. Allenfalls August Strindberg kommt ihm einigermaßen nahe.

Brecht litt denn auch keineswegs an dem, was man ein Übermaß an Bescheidenheit zu nennen pflegt. Vielmehr eröffnete er dem amerikanischen Bühnenbildner Mordecai Gorelik bereits 1935: »I am the Einstein of the new stage form.«[1] Ja, gegen Ende seines Lebens tat er sogar die verblüffende Äußerung: »Ich bin der letzte katholische Schrift-

---

1 Mordecai Gorelik, »Brecht«, in: *Theatre Arts*, March 1967; zit. nach: John Fuegi, *The Essential Brecht*, Los Angeles 1972, S. 214.

steller.«² Worauf sich einerseits bestürztes Schweigen aus-
breitete, andererseits eitel Frohlocken erhob. Aber das eine
erweist sich als so verfehlt wie das andere und beides zusammen als genauso unbegründet wie die Empörung über
den Vergleich mit Albert Einstein. Was jene späte Katho-
lizität angeht, so war sie natürlich, wie provozierend auch
immer, im griechischen Wortsinn gemeint. Er sei, wollte
Brecht sagen, der letzte *allumfassende* Schriftsteller. Und
daran ist allerdings sehr viel Wahres. Brecht war tatsächlich
ein ›katholischer‹ Autor insofern, als er sich beinahe sämt-
licher Gattungen und Ausdrucksformen mit der gleichen
vollendeten Souveränität zu bedienen wußte. Selbst der Ge-
samtbereich des Musiktheaters mit Singspiel (*Dreigroschenoper*), echter Oper (*Aufstieg und Fall der Stadt Mahagonny*)
und Ballett (*Die sieben Todsünden*) ist ja darin eingeschlos-
sen. Und Kurt Weill war durchaus nicht der einzige Kom-
ponist, mit dem Brecht fruchtbar und kongenial zusam-
menarbeitete; nicht minder ergiebig war die Brechtsche Zusammenarbeit mit Hanns Eisler (und daneben mit Paul
Dessau).

Auch jener frühe Aus- und Anspruch Brechts, der einem
Einstein ebenbürtige Theaterrevolutionär zu sein, muß natürlich unter anderem als gezielte Provokation verstanden
werden. Denn im Gegensatz zu den meisten aus seinem
Metier war sich dieser Autor vollauf bewußt, wieviel er
seinen Vorgängern verdankte und zu welch hohem Grad
er von der Vergangenheit zehrte und ihr Erbe in sich aufgenommen, ihre Ideen und Erfindungen, Techniken und
Kunstmittel sich zunutze gemacht hatte. Brecht hat bekanntlich auch nie gezögert, solche Nachkommenschaft und
Abhängigkeit offen zuzugeben. Ebenfalls schon Mitte der
dreißiger Jahre bemerkte er so beiläufig wie summarisch,
»in stilistischer Hinsicht« sei sein Theater »nichts besonders
Neues«. Als verwandt empfand er zum Beispiel – und

---

2 Zit. nach: Siegfried Melchinger, *Drama zwischen Shaw und Brecht. Ein
Leitfaden durch das zeitgenössische Schauspiel*, Bremen 1957, S. 174.

selbstredend völlig zu Recht – das »uralte asiatische [also chinesische und japanische] Theater«, das »mittelalterliche Mysterienspiel«, die klassische spanische wie die klassische indische und insbesondere die klassische englische (also elisabethanische) Dramatik und Bühnenkunst sowie das Theater der Jesuiten. Alle diese Vorgänger und, *mutatis mutandis*, Vorbilder lieferten Brecht Anregungen, die er schöpferisch verwertete: in seiner Praxis und nicht zuletzt auch in seiner Theorie.

Dennoch darf Brechts Leistung als Theoretiker Einzigartigkeit beanspruchen. Sie darf es zum einen auf Grund ihrer wirkungsvollen und faszinierenden Verschmelzung der empfangenen Anregungen, zum andern aber im Hinblick auf deren Durchdringung mit einer gesellschaftskritischen Haltung. Brecht hat zweifelsohne, gestützt auf sein eigenes Dramenschaffen, einem neuen Begriff von Theater Bahn gebrochen: dem eines »nichtaristotelischen«, »epischen«, »dialektischen« Theaters der »Verfremdung«, wie er es abwechselnd oder gleichzeitig immer wieder nannte; eines Theaters überdies, das er mit aufschlußreicher Wendung wiederholt und geradezu hartnäckig als das »Theater eines wissenschaftlichen Zeitalters« bestimmte. Die Impulse, die seither ihrerseits (und inzwischen längst weltweit) von seinen Neuerungen ausgingen, sind bereits heute unübersehbar.

Brechts komplexe und schon rein quantitativ schier erdrückende Theorie kann im folgenden freilich bloß in ihren Grundzügen nachgezeichnet werden. Von den für ihr Verständnis wesentlichen Schriften sind vor allem die zwei als selbständige Werke abgefaßten oder konzipierten hervorzuheben, sein *Kleines Organon für das Theater* und sein *Messingkauf*, ferner eine Reihe zum Teil in ihnen aufgegangener kürzerer Texte wie die *Anmerkungen zur Oper »Aufstieg und Fall der Stadt Mahagonny«* von 1930 oder die im skandinavischen Exil entstandenen Beiträge *Vergnügungstheater oder Lehrtheater?*, *Verfremdungseffekte in der chinesischen Schauspielkunst*, *Die Straßenszene* (mit dem Zusatz *Grund-*

modell einer Szene des epischen Theaters) und *Über experi-mentelles Theater*.[3] Bereits diese Titel sprechen ja für sich; zu ergänzen wäre höchstens, daß der Anmerkungstext zu *Mahagonny* die vielleicht bedeutsamste und zugleich radi-kalste, darum häufig mißverstandene Formulierung des *Früh*standes der Brechtschen Theorie darstellt und der zu-letzt genannte Text, ein 1939/40 gehaltener Vortrag, die vielleicht knappste und bündigste Einführung in sie. Die beste und in sich geschlossenste, auch bekannteste Darle-gung des *Spät*standes der Theorie bildet fraglos das *Kleine Organon* von 1948, das indes selber wieder als gedrängter Auszug aus Brechts umfangreichstem theoretischen Versuch zu betrachten ist, dem fragmentarischen *Messingkauf*, der ebenfalls jenen endenden dreißiger und beginnenden vierzi-ger Jahren entstammt. Formal lehnt sich dabei das als the-senhafter Traktat aufgebaute, aber mit Nachträgen verse-hene jüngere, das Handwerkliche schon im Titel betonende Werk (ὄργανον ›Werk[zeug], Gerät, Instrument, Apparat‹ an die *Essays* von Francis Bacon (1561–1626) an, während das ihm zugrunde liegende ältere »Vierergespräch« (zwi-schen praktizierenden Theaterleuten und einem praktisch gesinnten Philosophen) unverkennbar und sogar eingestan-denermaßen den *Discorsi* Galileo Galileis (1564–1642) ver-pflichtet ist. Auf beide ›Väter des wissenschaftlichen Zeital-ters‹ müssen wir zum Abschluß noch einmal zurückkom-men; hier sei vorläufig bloß darauf hingewiesen, daß der zunächst so kryptisch klingende Titel *Der Messingkauf* ei-nen weiteren, diesmal allerdings kritischen Aspekt des Brechtschen Verhältnisses zur Tradition enthüllt. Wie näm-lich jemand eine Trompete wider Erwarten nicht deshalb kaufen möchte, weil sie ein kostbares, schön gearbeitetes

---

3 Brechts Werke werden zitiert nach der Ausgabe: *Gesammelte Werke in 20 Bänden*, hrsg. vom Suhrkamp Verlag in Zsarb. mit Elisabeth Hauptmann, Frankfurt a. M. 1967 (werkausgabe edition suhrkamp) – im folgenden zit. als: GW, mit Band- und Seitenzahl. Vgl. B. B., *Schriften zum Theater 1–3*; GW 15–17.

Musikinstrument ist, sondern einzig auf Grund ihres rohen Metallwertes, so möchte auch, soll Brechts Titel bekunden, der marxistische Theoretiker und Stückeschreiber vom bürgerlichen Repertoire und Theaterbetrieb lediglich das übernehmen, was für ihn reinen Rohstoffgehalt oder, wie er sich ausdrückt, »Materialwert« besitzt.

Zweierlei dürfen wir trotzdem nie außer acht lassen, wenn wir uns nun den Grundbegriffen der Brechtschen Theorie – zu denen neuerdings auch das »Naive« gezählt wird, worauf ich indes nicht mehr eingehen kann – im einzelnen zuwenden. Zum ersten gilt, daß es sich bei allem Radikalismus, ja anfänglichem ›Vandalismus‹ nicht einmal im Extremfall der berüchtigten Antithese von »Gefühl« fürs alte, »Ratio« fürs neue Theater um »absolute Gegensätze« handelt, sondern um »Akzent-« oder »Gewichtsverschiebungen«, wie Brecht schon 1930 eigens (und vergeblich) in einer gern überlesenen Fußnote beteuerte. Zum zweiten – und damit eng zusammenhängend – gilt, daß Theorie und Praxis zwar beinah untrennbar miteinander verbunden sind, daß aber im Zweifelsfall die »Praktizierbarkeit des Wissens« für Brecht stets den Ausschlag gab. Einer seiner Lieblingssätze, aus dem Englischen übernommen, lautete mit gutem Grund, »daß der Pudding sich beim Essen beweist« (*that the proof of the pudding is in the eating*). Nicht so sehr Brechts eigener Eifer als vielmehr der Übereifer seiner Adepten war es, der des öfteren gegen diesen für ihn »ehernen Satz« verstieß.

Um also mit dem Kampfruf vom *nichtaristotelischen Drama* (die Koppelung ist wichtig) zu beginnen, so schließt dieser erste Brechtsche Grundbegriff eine dreifache »Kritik der Poetik des Aristoteles« in sich ein. Abgelehnt oder drastisch eingeschränkt wird erstens die aristotelische Katharsis, die der Dichter – ob zu Recht oder Unrecht, sei dahingestellt – dem Erlebnis völliger »Einfühlung« gleichsetzt und damit einer Erfahrung auf seiten der Zuschauer, die sich beruhigend, ja lähmend statt aktivierend auswirkt; ihr werden deshalb mit Nachdruck kritischer Abstand und eine wache, zu Einsichten und Aktionen drängende Haltung entgegengesetzt. Wovon sich der Dichter zweitens abkehrt, ist die aristotelische Vorstellung von der gleichsam ›organischen‹ Ganzheit jedweden Kunstwerks, die er durch eine technisch-konstruktive, zugleich künstliche und kunstvolle ersetzen will: die Montage heterogener Elemente soll das Wachstum eines homogenen lebenden Organismus (dies ja die berühmte Metapher des Aristoteles) ablösen. Drittens wird von Brecht mit der nur scheinbar dazu im Widerspruch befindlichen, ebenfalls echt aristotelischen, jedoch durch Schulpoetiken wie Gustav Freytags *Technik des Dramas* (1863) trivialisierten Auffassung gebrochen, wonach die Struktur eines Bühnenwerkes die eines fest und dicht gefügten und verfugten Bauwerkes – etwa in »Form einer Pyramide« mit ihrer Geschlossenheit und wechselseitigen, letztlich unantastbaren Abhängigkeit aller Teile voneinander – zu sein habe. Die Brechtsche Strukturauffassung ist demgegenüber die einer losen, offenen Reihung weitgehend unabhängiger Szenen, deren jede die Eigenart eines »Stückchens im Stück« besitzt und die deshalb (was nach Aristoteles gänzlich verfehlt und unstatthaft wäre) fast beliebig an- und umgeordnet, vermindert oder vermehrt werden können. Grob vereinfachend läßt sich sagen: Brechts dargestellte Ereignisse folgen lediglich *auf*einander; die Vorgänge entwickkeln sich nicht mit zwingender ›dramatischer‹ Logik *aus*einander. Das ermöglicht beispielsweise die (von Aristoteles natürlich fürs Drama verworfene) Biographie oder Chronik, d. h. Schilderungen des gesamten – oder doch des gesamten bedeutsamen – Lebens eines Einzelmenschen oder einer isolierten Gruppe, die als selbständige Protagonisten, ja Monagonisten ohne individuell faßbare Antagonisten fungieren; ›Gegenspieler‹ ist vielmehr jeweils ein Kräftefeld gesellschaftlich-geschichtlicher Mächte wie die institutionalisierte Kirche in *Leben des Galilei* oder der Dreißigjährige Krieg in *Mutter Courage und ihre Kinder*.

Es gibt nur einen einzigen Schlüsselsatz in der ganzen kanonischen aristotelischen *Poetik*, der von Brecht voll und ausdrücklich (»wir denken da gleich«, versichert das *Kleine Organon*) bejaht wird: nämlich die These, daß beim Stückeschreiben (und -inszenieren) »alles« auf die »Fabel« ankomme, weil sie »die Seele des Dramas« und »das Herzstück der theatralischen Veranstaltung« sei. Daß sich damit von selbst die These vom Primat der Handlung (eben der *fabula* oder des μῦθος) gegenüber der Charakterdarstellung verknüpft, ist offensichtlich. Denn im Gegensatz zur Shakespeare-Nachfolge des Sturm und Drang und zum Naturalismus eines Gerhart Hauptmann ist die Brechtsche Dramatik in erster Linie auf die darzustellende ›Geschichte‹ ausgerichtet, d. h. aufs Spiel der Figuren mit anderen Figuren, auf die Auseinandersetzung zwischen ihnen, sogar auf die mit blinden (oder als blind empfundenen) anonymen und überpersönlichen Mächten. Es kommt jedenfalls nicht auf das Innenleben der Menschen an, sondern auf das, »was *zwischen* den Menschen vorgeht«. Die durch die Handlung vermittelten sozialen und historischen Spannungen haben eindeutig und unwiderruflich den Vorrang vor allem noch so subtilen Nachgestalten individueller Seelenregungen; ja, diese Spannungen, statt sich in ›runden‹ Charakteren auszugleichen oder gar zu harmonisieren, gehen als qualvoll zerreißende mitten durch die Brechtsche Gestaltenwelt hindurch. Das bezeugt am augenfälligsten der Reigen seiner sogenannten ›gespaltenen‹ Figuren: so die Doppelheit der guten Shen Te und des bösen Shui Ta im *Guten Menschen von Sezuan*, so die in Mutter und Händlerin auseinanderklaffende Courage oder der im betrunkenen Zustand menschliche, im nüchternen unmenschliche finnische Gutsbesitzer in *Herr Puntila und sein Knecht Matti*. Die aufschlußreichste, obschon am wenigsten bekannte Brechtsche Spaltung oder Verdopplung (beides gehört unstreitig zusammen) ist aber wohl die der Sängerin Anna I und der Tänzerin Anna II in dem bereits erwähnten Ballett von den

Sieben Todsünden (*der Kleinbürger*, wie Brecht später präzisierend ergänzte).

Episches Theater (die Koppelung ist abermals wichtig) lautet der zweite Grundbegriff der Brechtschen Theorie, der seinerseits bald zum Kampfruf und schließlich zu ihrem eigentlichen polemischen Schlagwort wurde. Die Übergänge sind hier in jeder Hinsicht gleitend; zusätzlich bestätigt wird die Verwandtschaft zwischen *nichtaristotelischem Drama* und *epischem Theater* noch dadurch, daß gelegentlich auch die paradoxe Zwitterformel »episches Drama« begegnet, obzwar ausschließlich zu Beginn von Brechts Theoriebildung (in deren Inkubationszeit gewissermaßen). Vom Epischen heißt es dazu mit aller nur wünschbaren gattungspoetischen Deutlichkeit:

> [Alfred] Döblin gab ein vorzügliches Kennzeichen, als er sagte, Epik könne man im Gegensatz zu Dramatik sozusagen mit der Schere in einzelne Stücke schneiden, welche durchaus lebensfähig bleiben.[4]

Brechts Verwendung der Genrebezeichnung ›episch‹ hat freilich besonders im Ausland, wo man bei diesem Begriff weit eher den des ›heroischen Epos‹ assoziiert, manche Verwirrung gestiftet; schon deshalb ist es keineswegs unangebracht, die partielle Austauschbarkeit von ›episch‹ und ›erzählend‹ selbst auf die Gefahr der Überdeutlichkeit hin zu unterstreichen. Nicht minder offenkundig dürfte allerdings sein, daß damit weder die Brechtsche Auffassung vom Epischen in Dramenstruktur und Theaterpraxis noch der implizierte Gattungsgegensatz auch nur im entferntesten erschöpft ist. Namentlich anhand der ganz konkreten Darstellung durch die Schauspieler hat der Dichter solche Zusammenhänge immer wieder beleuchtet und dabei gern summarisch die »drrrramatische Spielweise« (wie er sich verächtlich im rollenden Schmierenton ausdrückte) mit der

---

4 *Über eine nichtaristotelische Dramatik*, GW 15,263.

von ihm vertretenen »epischen« konfrontiert. Jene ist, analog zur verabscheuten Katharsis bei den Zuschauern, durch die völlige Einfühlung der Darsteller in die von ihnen verkörperten Figuren, ja durch ihr (wirkliches oder vermeintliches) Einswerden mit ihnen und durch ein ständiges Streben nach Illusion gekennzeichnet; diese hingegen – Brecht wählt zur Veranschaulichung die amerikanische Erstaufführung seines *Galilei*-Stückes – zeichnet sich dadurch aus, »daß der Schauspieler in zweifacher Gestalt auf der Bühne steht, als [Charles] Laughton und als Galilei, daß der zeigende Laughton nicht verschwindet in dem gezeigten Galilei«.[5] Überhaupt beherrscht der Zug zur Demonstration nicht bloß Brechts Spielweise, sondern seine gesamte Inszenierung; mit Fug und Recht konnte er daher von einem »allgemeinen Gestus des Zeigens«, ja geradezu von einem deiktischen »Grundgestus« sprechen.

Doch läßt der Dichter keinerlei Zweifel daran, daß sich der Begriff des Nichtaristotelischen bei ihm primär auf den Stückebau, der des Epischen primär auf die Spiel- und Aufführungsweise bezieht. Die Epizität des nichtaristotelischen Textes, anders gesagt, die Voraussetzung seiner epischen Inszenierbarkeit, die ihrerseits eine nichtaristotelische Aufnahme des Werkganzen beim Publikum gewährleistet (oder zumindest gewährleisten soll). Alles dient eben der einen und einzigen Absicht, die darzustellende ›Geschichte‹ möglichst wirkungsvoll in dem für Brecht spezifischen Sinne zu ›erzählen‹. Es ist deshalb nicht mehr als folgerichtig, wenn im Rahmen solch lockerer episch-dramatischer Szenenabläufe der Epiker selber, das altvertraute, frei schaltende Erzähler-Ich, auf der Bühne erscheint. Am gelungensten der Fall ist das zweifellos – obwohl die Beispiele Legion sind – im *Kaukasischen Kreidekreis*, wo sich Brechts Bühnenepiker in der Tat, unterstützt von den ihn begleitenden Musikern, als der allwissende, allmächtige Erzähler des her-

---

5 *Kleines Organon für das Theater*, GW 16,683.

kömmlichen »auktorialen Romans« (Franz Karl Stanzel)
enthüllt und somit als jene übergeordnete, fast ›gottgleiche‹
Instanz, die nach Gutdünken die Zukunft vorwegnimmt
und die Vergangenheit zurückholt, den einen Erzählstrang
fallen läßt und den anderen aufgreift und sogar die unaus-
gesprochenen Gefühle und keimenden Entschlüsse der
Gestalten kennt und klar zum Ausdruck zu bringen vermag. »Kurz: es sind viele Erzählungsarten denkbar«, wie
Brecht im *Kleinen Organon* schreibt, »bekannte und noch
zu erfindende.«[6] Dasselbe gilt in noch erhöhtem Maße für
die vielen Inszenierungsarten des epischen Theaters, welche
die ohnehin schon weit gespannten Möglichkeiten der auktorialen Erzählstruktur vollends ins nahezu Unbegrenzte
erweitern. Jeder Aspekt der »theatralischen Veranstaltung«
wird von Brecht ausgenutzt; alle nur irgend denkbaren
Kunstgriffe und Bühneneffekte, ob alt oder neu, werden
von ihm verwendet. Diese sämtlichen Mittel – Plakate, Pro-
jektionen, Filme usw. ebenso wie Songs, Kommentare in
Vers oder Prosa, Chöre, auch Prologe, Epiloge und Zwischenspiele, um wenigstens einige zu nennen – helfen auf
ihre je unterschiedliche Weise mit, den freien, ungehinderte
Bewegung erlaubenden Bühnenraum zu schaffen, in dem
der Dichter seine Geschichten von den Menschen und deren
Verhalten und Verhältnissen erzählt.

Was schließlich den dritten und vermutlich schwierigsten, jedenfalls am längsten und hitzigsten umstrittenen
Grundbegriff in Brechts Theorie betrifft, den der *Verfremdung* samt seinen Ableitungen *Verfremdungseffekt* oder *V-
Effekt*, so erklärte der Dichter mit deutlichem Bezug auf die
nichtaristotelische Dramenstruktur wie die Vielfalt der epischen Bühnenmittel zusammenfassend: »Die Auslegung der
Fabel und ihre Vermittlung durch geeignete Verfremdungen
ist das Hauptgeschäft des Theaters.«[7] So gegen Schluß des
Kleinen Organons. Noch lapidarer heißt es vom *Messing-*

6 Ebd., GW 16,695.
7 Ebd., GW 16,696.

kauf: »In der Mitte der V-Effekt.«[8] Die zentrale Stellung des Brechtschen Verfremdungsbegriffs ist demnach eindeutig genug; zu unterscheiden sind aber gleichwohl dessen Wesen und Herkunft, Anwendung und Wirkungen.

Das *Wesen* der Verfremdung beruht auf Brechts Einsicht, daß uns Welt und Leben, insbesondere aber die gesellschaftlich-geschichtlichen Vorgänge in ihnen, zu vertraut sind, als daß wir sie noch wirklich zu erkennen und zu verstehen vermöchten. Wir nehmen zu viel als gegeben oder gar als selbstverständlich hin und stellen es nicht mehr (oder nicht genügend) in Frage. Was wir daher brauchen, ist ein Verfahren, das uns dies alles aufs neue, mit gleichsam frischen Augen, sehen lehrt: eine Methode, heißt das, die uns in einen neuerlichen Prozeß des Erkennens und Verstehens förmlich hineinzwingt. Um dieses Ziel zu erreichen, geht Brecht im besten Sinne *dialektisch* vor. Er verleiht nämlich dem Allzubekannten den Stempel des Fremden, macht das selbstverständlich Scheinende unvertraut und dadurch merkwürdig und fragwürdig. Erst hatten wir naiverweise geglaubt, wir verstünden; dann erfuhren wir, in einem plötzlichen Schock, Fremdheit und Nichtverstehen; zuletzt jedoch, indem wir beide Haltungen oder Erfahrungen miteinander verknüpfen und kritisch vergleichen, erlangen wir ein erneutes und nunmehr wirkliches Verstehen. Was beim Verfremden geschieht, ist mithin tatsächlich ein dialektischer Dreischritt, den Brecht auch demgemäß geradezu formalisiert hat. Lakonisch bestimmt ein Textstück, das nicht umsonst den Titel *Dialektik und Verfremdung* trägt: »Verfremdung als ein Verstehen (verstehen – nicht verstehen – verstehen), Negation der Negation.« Und weiter: »Häufung der Unverständlichkeiten, bis Verständnis eintritt.«[9] These, Antithese und abschließende Synthese, welche die vorhergehenden Schritte in sich aufhebt, reihen sich aneinander. Stärker aufs Inhaltliche als aufs Formale bezogen, ließe sich auch mit ei-

8 *Der Messingkauf*, GW 16,1*.
9 *Neue Technik der Schauspielkunst*, GW 15,360.

nem anderen Brechtschen Stichwort von der »Einheit der Gegensätze« sprechen; so gesehen, erweist sich die Verfremdung als Dialektik des Aufdeckens und Bloßlegens: und zwar der im menschlichen Zusammenleben, in Geschichte und Gesellschaft, in der Welt überhaupt enthaltenen und verborgenen Widersprüche.

Bei der *Herkunft* der Verfremdung stößt man auf eine dreifache Wurzel. Erstens ist diese Brechtsche Vorstellung aus der Hegelschen Philosophie, zweitens aus der marxistischen Soziologie, drittens aus – und parallel zu – den Funden und Forderungen der russischen Formalisten erwachsen. Folgendes wäre dazu in aller Kürze zu bemerken. In der Vorrede zu Hegels *Phänomenologie des Geistes* steht der ebenso knappe wie klassische Satz: »Das *Be*kannte ist darum, *weil* es *be*kannt ist, nicht *erkannt*.«[10] Dieser Satz bildet die philosophische Basis und Grundformel für jegliche Brechtsche Verfremdung. Ihn zu erläutern ist so wenig notwendig wie ein Breittreten der soziologischen Verwurzelung von Brechts Verfremdungsbegriff. Der maßgebliche, bereits bei Hegel auftauchende, aber selbstredend von Marx wie üblich vom Kopf auf die Füße gestellte Begriff ist jedenfalls der der ›*Ent*fremdung‹; und insgesamt umschreibt dieser soziologische Entfremdungsbegriff so formelhaft wie bündig alles, was nach marxistischem Geschichtsverständnis durch die Entwicklung der kapitalistischen Produktionsverhältnisse hervorgebracht worden ist und nun endgültig durchschaut und erfaßt, revolutionär verändert und ›aufgehoben‹ werden soll. Derlei klingt in der Tat simpel genug; problematischer ist hingegen die Herkunft der Brechtschen Verfremdung aus dem russischen Formalismus, ja bereits ihr bloßer Zusammenhang mit dieser Kritikerschule, die dann Stalin und dessen ästhetischer Inquisitor Ždanov, dem sich später noch Brechts vielfacher Opponent Georg Lukács

---

10 Georg Wilhelm Friedrich Hegel, *Phänomenologie des Geistes*, nach dem Text der Originalausgabe hrsg. von Johannes Hoffmeister, Hamburg ⁶1952, S. 28 (Hervorhebungen zum Teil von mir).

zugesellte, seit Anfang der dreißiger Jahre im Namen eines sogenannten ›sozialistischen Realismus‹ offiziell verketzert und verteufelt hatten. Von Belang ist für uns namentlich der formalistische Kritiker Viktor Šklovskij, dessen mindestens schon seit 1917 voll entfaltete Theorie der verfremdenden Metapher eine wahrhaft frappierende Übereinstimmung nicht nur mit den einschlägigen Hegelschen und zum Teil selbst Marxschen Vorstellungen, sondern auch und besonders mit deren Brechtscher Entsprechung zeigt. In seinem Essay *Kunst als Kunstgriff* (*Iskusstvo kak priëm*, 1916) hat der Russe Šklovskij, fast drei Jahrzehnte ehe Brecht seinen eigenen Verfremdungsbegriff zu verwenden begann, einen Terminus geprägt, der diesem erstaunlich ähnelt, ja der sich auf weite Strecken sogar mit ihm deckt. (Zuzugeben ist allerdings, daß Šklovskijs Theorie eine wesenhaft ästhetische ist und sich auch nahezu ganz auf die Bezirke der Ästhetik und Poetik beschränkt.)

Wie sich die drei Wurzeln von Brechts Verfremdung in dessen Theorie und Praxis miteinander verflechten und zu einer Einheit verbinden, dürfte nach alledem offensichtlich sein. Als Definition bzw. Postulat bietet sich an: Brechtsche Verfremdung ist ein *ästhetischer* Kunstgriff, der es gestattet, mit Hilfe einer *philosophischen* Methode eine *gesellschaftlich-geschichtliche* Lage ins Bewußtsein zu heben. Der Vorgang der *Ver*fremdung bewirkt, vermittels einer triadischen *Dialektik*, eine verblüffte und verwunderte, *be*fremdete und schließlich befreiende *Einsicht* in den *Zustand* der *Ent*fremdung. Noch gedrängter und etymologisch konziser: *Ent*-fremdung, *Ver*fremdung und *Be*fremdung hängen ursächlich wie zeitlich zusammen; sie folgen sowohl *aus*einander wie *auf*einander. Daß Brechts Verfremdung weder pures »Kunstmittel« ist oder sein soll noch auch bloße »soziale Maßnahme«, sondern stets beides zugleich, geht aus dem Gesagten ebenfalls klar hervor; nicht ganz so klar, doch immerhin ahnbar ist, daß sie mit dem Phänomen des Komischen genauso zusammengehört wie, zugespitzt formuliert,

ihr Gegenbegriff der Einfühlung mit dem Phänomen des
Tragischen – worauf hier indes nur hingewiesen, nicht des
näheren eingegangen werden kann. Einige Ergänzungen
zum Bisherigen sind jedoch gleichwohl unerläßlich. So ist es
für den Werdegang des Dichters wiederum höchst erhel-
lend, daß dieser um die Mitte der dreißiger Jahre, als sich
seine Verfremdungstheorie allmählich zu festigen anfing,
vereinzelt noch mit dem direkt von Marx und/oder Hegel
entlehnten Begriff der Entfremdung operierte und solcherart nicht bloß von einem »Entfremdungsprozeß«, sondern
ausdrücklich von der »Entfremdung, welche nötig ist, damit
verstanden werden kann«, sprach. Erst auf Grund der Erfahrungen bei seinem Moskaubesuch im Jahre 1935 nahm
er den Begriff der Verfremdung in sein Vokabular auf, um
ihn alsbald ins Zentrum seiner Terminologie wie Theorie zu rücken. Empfangen aber hat Brecht ihn oder dessen
Äquivalent mit allergrößter Wahrscheinlichkeit von dem
mit ihm befreundeten russischen Avantgardeschriftsteller
Sergej Tretjakov (der übrigens später, anders als Šklovskij,
ein Opfer des Stalinismus wurde).

Indes, festzuhalten ist trotzdem mit aller Entschieden-
heit, daß der Dichter die Vorstellung des Befremdlichen und
Befremdenden wie überhaupt die Grundvorstellung des
Verfremdens bereits etliche Jahre vor jenem Besuch ganz für
sich allein entwickelt hatte. Den besten Beleg dafür bildet
Brechts Lehrstück *Die Ausnahme und die Regel* von 1930,
wo die Spieler zum Beispiel Chorverse wie die folgenden
ans Publikum richten:

> Betrachtet genau das Verhalten dieser Leute:
> Findet es befremdend, wenn auch nicht fremd
> Unerklärlich, wenn auch gewöhnlich
> Unverständlich, wenn auch die Regel.
> [...]
> Was nicht fremd ist, findet befremdlich![11]

11 GW 2,793 und 822.

Aus solchen und ähnlichen Zeugnissen können wir ohne Zögern folgern, daß Brechts berühmte Theorie, all ihrer aufzeigbaren Wurzeln ungeachtet, nicht zuletzt auch unabhängig gewachsen ist und somit gleicherweise eine im wesentlichen eigenständige Leistung darstellt. Das, was er bei den Russen vorfand oder unter deren Einfluß auf den Begriff brachte, war im Grunde nur die erlösende Formel für etwas lange schon von ihm Geschaffenes; selbst das aus Marx und Hegel unleugbar von ihm Übernommene erweist sich eher als zusätzliche Bestätigung denn als Entdeckung oder gar Offenbarung von völlig Neuem. Kurzum: Dialektik und Verfremdung waren dem Dichter und Denker Brecht von Anbeginn zuallerinnerst gemäß. Und ganz entsprechend liegen die Dinge auch bei einer zweiten folgenreichen Erfahrung, die Brecht während jenes Moskaubesuches machte. Ich meine das Erlebnis der *Verfremdungseffekte in der chinesischen Schauspielkunst* (wie der Titel des sodann aus der Rückschau verfaßten Aufsatzes ja beredt genug lautet). Brecht sah zwar den gefeierten Mei Lan-fang, den sicherlich größten Bühnendarsteller des traditionellen chinesischen Theaters im 20. Jahrhundert, und er war von dessen Darbietungen fasziniert und hingerissen; aber was der Chinese ihm in Wirklichkeit bot, war eben letztlich dennoch nicht mehr – aber freilich auch nicht weniger – als eine meisterhafte, künstlerisch vollkommene Demonstration der Anwendbarkeit seiner eigenen Verfremdungstheorie.

Das von Mei in solcher Vollendung Vorgeführte beschränkte sich auf eine bestimmte Spielweise; sie und ihre Ausstrahlung hatte Brecht im Auge, als er sich in jenem Aufsatz Rechenschaft ablegte. Jedoch sind die Möglichkeiten der *Anwendung* und *Wirkung* auch bei der Verfremdung Legion: und zwar keineswegs bloß im Bereich der Darstellung und der dazugehörigen Regie, sondern ebenso im Bereich des Dramenbaus, ja schon in dem der Sprachgebung. Das Verfremdungsprinzip durchdringt und durchwaltet die Inszenierung eines Brechtschen Stückes zur

Gänze: von den hastig hingekritzelten Anfangsnotizen des Dramatikers bis zur endgültigen Bühnendarbietung des künstlerischen Gesamtgebildes durch das Ensemble der Ur- oder Erstaufführung – und mitunter sogar noch darüber hinaus. Wenn man mir ein übergreifendes Bild erlaubt: Brechtsche Verfremdung geschieht auf drei Ebenen, die sich gleich einer geologischen Schichtenfolge aufeinander ablagern. Ihre tiefste Schicht, die alle übrigen trägt, ist diejenige des dichterischen Textes in dem besagten Doppelsinn von Sprachform und Bauform. Buchstäblich bis ins einzelne Wort, ja Satzzeichen hinein färbt und tränkt das Verfahren der Verfremdung Brechts Sprache. So nennt er beispielsweise, eine vertraute idiomatische Wendung umbildend, den nur im Vollrausch erträglichen, ohne Alkohol aber recht bösartigen und gefährlichen Puntila nicht etwa in jenem Zustand ›sternhagelbesoffen‹, sondern in diesem »sternhagelnüchtern« – und die Verfremdung derartiger »Anfälle« von Nüchternheit könnte wohl schwerlich schlagender und überzeugender sein. Oder man erwäge das von Mutter Courage gesungene *Lied von der Großen Kapitulation* mit dem dreimaligen Refrain: »Der Mensch denkt: Gott lenkt – / Keine Red davon!« Eine winzige Änderung hat Brecht hier vorgenommen, indem er statt des üblichen Kommas einen Doppelpunkt setzte; und doch ist damit das fromme, vom Glauben an die göttliche Vorsehung erfüllte Sprichwort so wirksam wie höhnisch in sein Gegenteil verkehrt. Daß solch verfremdende Sprachgebung aber beileibe nicht aufs Komische und Satirische beschränkt bleibt, sondern sich ebensosehr in poetischem Ernst und in höchster Bildkraft entfalten kann, beweist wie weniges sonst der wohl schönste Vers in Brechts *Kreidekreis*-Stück: nämlich die Rühmung des Armeleuterichters Azdak. Von ihm berichtet ja der Sänger: »Und so brach er die Gesetze / wie ein Brot, daß es sie letze«. Wiederum könnte die verfremdende Umbildung des vorgegebenen Sprachgutes (das überraschende In- und Miteinander von ›Gesetze brechen‹ und

›Brot brechen‹) schwerlich eindrucksvoller und zugleich aufschlußreicher sein – denn daß der sakrale, ja förmlich ans christliche Abendmahl gemahnende Anklang des Brecht-schen Verses alles andere als unbewußt und ungewollt ist, dürfte ebenfalls außer Zweifel stehen. Die ehrwürdigen ›mythischen‹ Muster, zu denen Brecht auch und gerade die Bibel zählte, dienen auf ihre Weise der Verfremdung.

Entsprechende Beispiele für die Bauform von Brechts Dramen erübrigen sich. Wie die verfremdende Sprach-gebung, so ließe sich der verfremdende Stückebau, den wir ja schon zur Genüge kennengelernt haben, unschwer noch mit weiteren Einzelheiten belegen. Dasselbe gilt – um unser geologisches Bild vollends auszuspinnen – für die Mittel-schicht der verfremdenden Inszenierung wie für die ober-ste, offen zutage liegende Schicht der verfremdenden Dar-bietung oder, wie der Dichter anglisierend gern sagte, »Ablieferung« (*delivery*) des gemeinsam Erarbeiteten. Dia-logführung, Bühnenbild, Musik, Choreographie, Kostüme, Masken, Beleuchtung, die Beiträge also des Regisseurs, des Komponisten, des Bühnenbildners oder -bauers und der Schauspieler selber: alle nur irgend verfügbaren und ver-wertbaren Bühnenmittel und -kräfte wirken im Sinne der Brechtschen Verfremdung zusammen. »So seien«, heißt es im *Kleinen Organon*,

> all die Schwesterkünste der Schauspielkunst hier einge-laden, nicht um ein ›Gesamtkunstwerk‹ herzustellen, in dem sich alle aufgeben und verlieren, sondern sie sollen, zusammen mit der Schauspielkunst, die gemein-same Aufgabe in ihrer verschiedenen Weise fördern, und ihr Verkehr miteinander besteht darin, daß sie sich gegenseitig verfremden.[12]

Wovon sich Brecht so entschieden abgrenzt, ist natürlich nichts anderes als das Wagnersche ›Gesamtkunstwerk‹.

12 GW 16,698 f.

Denn in ihm wirken ja ebenfalls Text, Bild und Ton schwesterkünstlerisch zusammen. Doch gerade der Gegensatz zum Schaffen Richard Wagners läßt das für Brecht Spezifische, sein Ureigenstes, noch einmal in aller Schärfe hervortreten. In beiden Fällen wird zwar die Gesamtheit des Theatralischen aufgeboten und eingesetzt; aber während bei Wagner die Bühne gleichsam zum Schmelztiegel wird, in dem die verschiedenen Künste zu einer – oft trüben – Einheit zusammenrinnen, wird sie bei Brecht zu einem Ort des Experimentierens und Demonstrierens, ja gleichsam zum Hörsaal mit sauber getrennten Geräten und Materialien und bequem beobachtbaren Vorgängen und Resultaten. Trotzdem oder ebendeshalb – das muß in der Tat, der vielen verschleppten wie jüngsten Mißverständnisse wegen, eigens beteuert werden – markiert das Brechtsche, durch gegenseitige Verfremdung der Künste seine zwar jeweils widersprüchliche, doch auch helle, ja oft luzide Einheit erlangende ›Gesamtkunstwerk‹ eine grundsätzliche, sämtliche Bereiche erfassende »Retheatralisierung« (John Gassner) der Bühne als Bühne. Die Theaterform, von der sich Brechts Neuerungen damit absetzen, ist freilich nicht mehr nur die Wagnersche, sondern die auf bruchlose und widerspruchsfreie Bühnenillusion nebst Einfühlung der Schauspieler wie der Zuschauer bedachte des gemeineuropäischen Naturalismus, von der sich dann die extrem anti-illusionistische, obschon auf Einfühlung keineswegs verzichtende des deutschen und mitteleuropäischen Expressionismus ihrerseits wieder absetzte. Wie gegen Richard Wagner, so hat der Dichter sich in Theorie und Praxis gegen beide gewandt. Indem man allein Brechts unmittelbare Ausgangssituation berücksichtigt, läßt sich demnach zusammenfassend sagen: Das Brechtsche Verfremdungstheater, das wie der Naturalismus die wahre und ganze Wirklichkeit abzubilden sucht und dazu wie der Expressionismus ungescheut die kühnsten, nicht selten bis ins Groteske gesteigerten Bühnenmittel aufgreift oder einführt, ist gleichwohl weder naturalistisch noch expressionistisch. Es ist, in des Wortes vollster doppelter Bedeutung, *realistisches Theater.*

Die Frage, warum der Dichter es zugleich als *Theater eines wissenschaftlichen Zeitalters* bezeichnete, ist im Grunde bereits beantwortet. Denn immer wieder griff er ja, wie schon eingangs angedeutet, auf die Zeit um 1600, d. h. den Beginn der Neuzeit mit der sogenannten *scientific revolution*, und namentlich eben auf Gestalten wie Francis Bacon und Galileo Galilei zurück. Was den Engländer anbelangt, über den er die höchst aufschlußreiche Kalendergeschichte *Das Experiment* verfaßt hat, so lieferte dieser unter anderem das Stichwort für Brechts *Kleines Organon für das Theater*; denn nicht nur folgen dessen Form und Methode Bacons *Essays*, sondern schon der Titel ist aus Bacons berühmtem, von 1620 datierendem Traktat *Novum Organum scientiarum* abgeleitet, den man mit vollem Recht ebenfalls als eine nichtaristotelische, ja dezidiert anti-aristotelische Methodenlehre bestimmen darf. Was hinwiederum den Italiener betrifft, den vielfältig schillernden Helden in Brechts *Leben des Galilei*, so gab er ja die formale Anregung für das Brechtsche »Vierergespräch« *Der Messingkauf*; darüber hinaus aber hat er auch im *Kleinen Organon*, und zwar im Text selber, eine dominierende Stellung inne. Ihm verdankt der Dichter nämlich unter anderm eins der besten und einprägsamsten Beispiele für das Prinzip der Verfremdung. Gemeint ist die berühmte Anekdote vom schwingenden Kronleuchter im Dom zu Pisa, bei dessen Anblick Galilei bekanntlich das Gravitationsgesetz entdeckt haben soll. »Diesen Blick, so schwierig wie produktiv, muß das Theater [. . .] provozieren«, triumphierte der Dichter. »Es muß sein Publikum wundern machen, und dies geschieht vermittels einer Technik der Verfremdung des Vertrauten.«[13]

Daß sich nach Brecht (der die »Unterwerfung und Ausbeutung der Natur« mit bemerkenswerter ökologischer

13 GW 16,681 ff.

Blindheit niemals in Frage gestellt hat) unser neuer, an den Naturwissenschaften geschulter Verfremdungsblick zugleich und erst recht, so unverwandt wie hoffnungsfroh, auf die Gesellschaft richten soll, bedarf zum Schluß wahrhaftig keiner Beteuerung mehr. Wohl aber ist zu guter Letzt nochmals mit aller Ausdrücklichkeit zu betonen, daß Genuß einerseits, Lehren und Lernen andererseits – will sagen, das Vergnügliche und das Nützliche oder, mit Brechts geliebtem Horaz zu reden, das *delectare* und das *prodese* – bei diesem Dichter einander nie und nirgends feindlich gegenübertreten können, sondern sich stets ergänzen und bereichern und dabei abermals ›gegenseitig verfremden‹. Das Didaktische war für Brecht wie das Dialektische immer auch eine genußvoll-vergnügliche ästhetische Erfahrung, ja eine der menschlich genußvollsten und vergnüglichsten überhaupt. Er schwelgte förmlich im Erwerb neuer Kenntnisse, im Denken neuer Gedanken – genau besehen, in Wechsel und Veränderung schlechthin. Nichts, empfand er, ist dauerhaft, geschweige denn ewig; alles ist wandelbar und im Wandel; beständig ist einzig der unablässige »Fluß des Geschehens«. Dies Paradox eines umfassenden Jasagens aus grenzenloser Veränderungswilligkeit, ja Veränderungssucht war es denn auch, was den Dichter ebenso sehr befähigte wie nötigte, die Grenzen seiner eigenen ideologischen Bindung fortwährend zu sprengen und zu überschreiten. Brecht war ein marxistischer Künstler, kein Zweifel; doch er war gleichzeitig ein marxistischer Häretiker. Das ließe sich im einzelnen an seiner Freundschaft mit dem marxistischen (und gleichfalls durch und durch häretischen) Philosophen Karl Korsch veranschaulichen; epigrammatisch pointiert aber kommt es in einem bezeichnenden Brechtschen Diktum zum Ausdruck, mit dem ich daher, auch wenn es bloß apokryph sein mag, schließen will. Unentwegt versuchten zu Brechts Lebzeiten ja gewisse Kritiker ihm klarzumachen, daß seine Stücke und Theorien eigentlich nur für eine kapitalistische Gesellschaft gälten, in einer sozialistischen hingegen ihren Sinn und ihre

Funktion unweigerlich verlieren müßten. Worauf Brecht seinerseits ungerührt erklärte:

> Diese Herren können offenbar nicht dialektisch denken. Meine Stücke und Theorien gelten fürs Bürgertum und unterm Kapitalismus; sie gelten für eine sozialistische, eine kommunistische, eine klassenlose Gesellschaft – und für alle darauf folgenden Gesellschaftsformen.[14]

Selten wohl, erkennen wir heute, ist ein prophetisch-provozierendes Wort von ähnlich abgründiger Dialektik ausgesprochen worden wie dieses heiter-anekdotische des Dramen- und Theatertheoretikers und -praktikers Bertolt Brecht.

14 Zit. nach der mündlichen Überlieferung eines früheren Brecht-Mitarbeiters.

Literaturhinweise

Grimm, Reinhold: Der katholische Einstein: Brechts Dramen- und Theatertheorie. In: Brechts Dramen: Neue Interpretationen. Hrsg. von Walter Hinderer. Stuttgart 1984. S. 11–32. [Diese erste, wesentlich umfangreichere Fassung des vorstehenden Beitrags enthält auch sämtliche Einzelnachweise; auf sie sei deshalb mit Nachdruck verwiesen.]

Bohnert, Christiane: Auswahlbibliographie zu Bertolt Brecht und seinem dramatischen Werk. In: Brechts Dramen: Neue Interpretationen. Hrsg. von Walter Hinderer. Stuttgart 1984. S. 405–445, bes. S. 418–427. [Diese Aufstellung verzeichnet alle einschlägige Literatur bis Mitte 1983; hervorzuheben bzw. ergänzen zu nennen sind die folgenden Beiträge.]

Benjamin, Walter: Versuche über Brecht. Frankfurt 1966. [Darin u. a.: *Was ist das epische Theater?* (Zwei Fassungen) und *Studien zur Theorie des epischen Theaters*.]

Brown, Hilda Meldrum: Leitmotiv and Drama: Wagner, Brecht, and the Limits of ›Epic‹ Theatre. Oxford 1991.

Crumbach, Franz Hubert: Die Struktur des Epischen Theaters: Dramaturgie der Kontraste. Braunschweig 1960.

Dort, Bernard (Hrsg., zus. mit Jean-François Peyret): Bertolt Brecht. Paris 1979.

Eckhardt, Juliane: Das epische Theater. Darmstadt 1983.

Grimm, Reinhold: Bertolt Brecht: Die Struktur seines Werkes. Nürnberg 1959. ⁶1972.

– Strukturen: Essays zur deutschen Literatur. Göttingen 1963. [Darin u. a.: *Das Huhn des Francis Bacon* und *Komik und Verfremdung*.]

– Ein iberischer »Gegenentwurf«? Antonio Buero Vallejo, Brecht und das moderne Welttheater. Kopenhagen/München 1991.

– (Hrsg.): Episches Theater. Köln 1966. ³1972.

Hecht, Werner: Brechts Weg zum epischen Theater: Beitrag zur Entwicklung des epischen Theaters 1918–1933. Berlin 1963. Neudr.: Das europäische Buch. Berlin 1976.

Hinck, Walter: Die Dramaturgie des späten Brecht. Göttingen 1959. ⁶1977.

Kesting, Marianne: Das epische Theater. Stuttgart 1959. ⁷1978.

Lucchesi, Joachim / Shull, Ronald: Musik bei Brecht. Frankfurt a. M. 1988.

Nägele, Rainer: Brechts Theater der Grausamkeit: Lehrstücke und Stückwerke. In: Brechts Dramen: Neue Interpretationen. Hrsg. von Walter Hinderer. Stuttgart 1984. S. 300–320.

Rasch, Wolfdietrich: Zur deutschen Literatur seit der Jahrhundertwende: Gesammelte Aufsätze. Stuttgart 1967. [Darin: *Bertolt Brechts marxistischer Lehrer: Zu Bertolt Brechts ungedrucktem Briefwechsel mit Karl Korsch.*]

Roberts, David: Brecht and the Idea of a Scientific Theatre. In: Brecht-Jahrbuch 13 (1984) S. 41–60.

Schöttker, Detlev: Bertolt Brechts Ästhetik des Naiven. Stuttgart 1989.

Steinweg, Reiner: Das Lehrstück: Brechts Theorie einer politisch-ästhetischen Erziehung. Stuttgart 1972.

Subiotto, Arrigo: Epic Theatre: A Theatre for the Scientific Age. In: Siegfried Mews (Hrsg.): Critical Essays on Bertolt Brecht. Boston 1989. S. 197–209.

Suvin, Darko: To Brecht and Beyond: Soundings in Modern Dramaturgy. Brighton / Totowa (N. J.) 1984. [Darin u. a.: *The Mirror and the Dynamo: On Brecht's Aesthetic Point of View.*]

Ungvári, Tamás: The Origins of the Theory of »Verfremdung«. In: Neohelicon (Budapest) 7 (1979/80) S. 171–232.

Voigts, Manfred: Brechts Theaterkonzeptionen: Entstehung und Entfaltung bis 1931. München 1977.

Baal
Eine Moritat vom Ende des Individuums

Von Wolfgang Frühwald

Im März 1918 – an der Westfront herrschte trügerische Ruhe, ehe das deutsche Oberkommando mit einer verzweifelten Offensive seine ›letzte Karte‹ im Ersten Weltkrieg spielte und verlor – schrieb Bertolt Brecht an seinen Freund Caspar Neher, der seit 1915 als Freiwilliger an der Front stand: »Ich will ein Stück schreiben über François Villon, der im XV. Jahrhundert in der Bretagne Mörder, Straßenräuber und Balladendichter war.«[1] Dieser ersten Erwähnung des später *Baal* genannten Theaterstückes folgte am 1. Mai 1918 schon die Nachricht, daß »die halbe Komödie *Baal* [...] fertig« sei;[2] am 5. Mai fand Brecht den Titel »Baal frißt! Baal tanzt!! Baal verklärt sich!!!«,[3] und Mitte Juni 1918 meldete er Neher, daß die vierundzwanzig Szenen dieses Titels »fertig und getippt« seien, »– ein stattlicher Schmöker! Ich hoffe damit einiges zu erreichen«.[4]

Diese erste Fassung des *Baal*, von Brecht in übermütiger Konkurrenz mit Goethe »Ur-Baal«[5] genannt, aber für unaufführbar und abschreckend gehalten, legte er am Ende des Sommersemesters 1918 dem Münchener Privatdozenten Arthur Kutscher vor, der sich allerdings höchst ungnädig über das Elaborat jenes unbotmäßigen Studenten äußerte, vor dem schon der Direktor des Augsburger Realgymna-

---

1 Bertolt Brecht, *Briefe*, hrsg. von Günter Glaeser, Frankfurt a. M. 1981 – im folgenden zit. als: B, mit Seitenzahl –, hier B 32.

2 B 37.

3 B 38.

4 Diese Fassung soll nach Tagebuchaufzeichnungen von Brechts Freund Andreas Bezold von Brecht und Bezold schon am 20. Mai 1918 in einem fertigen Typoskript durchgesehen worden sein.

5 B 55.

siums die Münchener Universität »in einer Art Steckbrief«
gewarnt haben soll.[6] An seinen Freund Hans Otto Münsterer, der durch das Buch *Bert Brecht. Erinnerungen aus den
Jahren 1917–22* so viel zur Legendenbildung um den jungen Brecht beigetragen hat, schrieb Brecht im August 1918,
in dem er täglich sein »Todesurteil«, das heißt die Einberu-
fung zum Kriegsdienst, erwartete: »Bitte schreiben Sie mir
was über den Leichen-Kutscher! Er hat mir etwas über den
Baal geschrieben. Zum Speien! Er ist der flachste Kumpan,
der mir je vorgekommen ist.«[7]

Brechts für das Gesamtwerk des Autors so charakteristische Figur des Baal also ist von dem zwanzigjährigen Dichter vor dem Hintergrund des ihn existentiell bedrohenden
Kriegsgeschehens entworfen worden, das ihn bereits im
Dezember 1917 zu dem im *Baal* dann wieder aufgegriffe-
nen Motto eines elementaren Vitalismus bestimmte: »Das
Höchste, was man kann, ist: das zu nehmen, was man nehmen kann.«[8] Aus dieser Lebenshaltung erklärt sich auch die
im Kontext zeitgenössischer Trivialliteratur keineswegs un-
gewöhnliche Titelgebung, die – in deutlicher Adaption der
Formelsprache naturalistischer Kunsttheorie und mit bibel-
parodistischem Vokabular[9] – Natur (das Fressen) und
Kunst (den Tanz) so einander zuordnet, daß in der Selbst-
verklärung eines ungeheuren Lüstlings und Genießers das
der Natur immanente Zerstörungsprinzip zugleich als das
Prinzip des Lebens erscheint: als das Prinzip der Wollust
des Untergangs. In diesem Sinne versteht Brecht, der eifrige
Leser des Konversationslexikons, den Namen seines Titel-
helden vielleicht sogar in der ursprünglichen Bedeutung des
»Herrn« – auch und gerade – über die Genüsse des Leibes
und des Geistes um den Preis der auch sonst eintretenden,

---

6 Hans Otto Münsterer, *Bert Brecht. Erinnerungen aus den Jahren 1917–22.
  Mit Photos, Briefen, Faksimiles*, Zürich 1963, S. 30.
7 B 54.
8 B 26.
9 Vgl. ebd.

jetzt nur beschleunigten Selbstzerstörung, nicht so sehr als Anspielung auf die vom Alten Testament nahegelegte Abgötterei und den Kult orgiastischer Naturreligion.

Im Frühjahr 1919, als in Bayern die Räterepublik – nach der Ermordung Kurt Eisners – errichtet wurde, arbeitete Brecht seinen dramatischen Bilderbogen um: »Von Verlaine und Johst ist das Stück jetzt ziemlich gesäubert. Bleibt zu letzterem nur mehr die Antithese.«[10] Diese zweite, nach Ansicht der Freunde Brechts und der ihnen folgenden Forschungsliteratur, poetisch geschlossenste Fassung des *Baal*[11] entstand unter dem unmittelbaren Eindruck jenes Enthusiasmus intellektueller Anarchie, der – ausgehend vom Kreise Mühsams, Landauers, Tollers, Hartigs, Schrimpfs und Kaisers – wenige Monate lang das politische Klima im Zentrum Bayerns bestimmte. Für kurze Zeit, im Grunde nur für wenige Wochen, schien es, als treffe dieser Enthusiasmus potenzierend auf das jugendlich-anarchische Lebensgefühl von Brechts Freundeskreis, der sich aber schon früh in der Übersteigerung eines rauschhaft genossenen Individualismus auch von der geordneten Anarchie des Volksstaates Bayern distanzierte.

Der neovitalistisch orientierte junge Brecht übernahm alle Stilmittel der literarischen Moderne, konstruierte sich aber eine Traditionslinie, die Vagantendichtung, Volkskunst, Symbolismus und literarische Artistik zugleich umfaßte. Nicht nur den leiblichen, vor allem den geistigen Genüssen ist der Autor dieses *Baal* zugetan; für Brecht steigt aus diesem Stück der berauschende Verwesungsgeruch literarischer Tradition. So entstand Brechts *Baal* bekanntlich in kritischer Aneignung von Hanns Johsts ekstatischem Szenarium *Der Einsame. Ein Menschenuntergang*, doch hat der Autor die zweite Fassung seines Stückes so weitgehend von der fast idealtypisch expressionistischen Vorlage gesäubert, daß er sie dem ihm persönlich gut bekannten Hanns Johst

---

10 B 55 f.
11 Münsterer (s. Anm. 6) S. 109; Jan Knopf, *Brecht-Handbuch. Theater. Eine Ästhetik der Widersprüche*, Stuttgart 1980, S. 13.

mit dem Angebot zusenden konnte, »die Nabelschnur noch vollends abzubeißen«.[12]

In der dritten, Ende 1919 – Anfang 1920 entstandenen Fassung des Stückes hat Brecht dann Johsts – offenkundig nicht überlieferte – Kritik des *Baal* beherzigt »und z. B. alle Szenen mit der Mutter herausgeschmissen«. Dadurch verscheuchte er »das Gespenst des *Einsamen* ziemlich an die Peripherie«[13] und schuf sich einen einflußreichen Gesprächspartner für seine Theaterpläne. Durch die langsame Lösung vom zunächst übermächtigen Vorbild also fand Brecht den Weg zur eigenen Form, doch ist die Folie von Johsts Grabbe-Drama noch in den spätesten Fassungen des *Baal* erkennbar. Schließlich mußte – nach dem Willen des Autors – »ein Rest bleiben [. . .], aber den hat *Peer Gynt* und manches andere«.[14] Grabbes – bei Johst gegebene – Definition des Helden (»Ein vielfaches vom Mörder!!«[15]) bleibt im Antihelden Brechtscher Prägung präsent, und Grabbes Definition der Tragödie (»ein Menschenleben, das gelebt sein will – ein Leben lang«[16]) hat die kritische Antithese von Baals Lebenslauf provoziert, der noch den Tod in den Genuß des Lebens einzubeziehen wagt.

Auch wenn Johsts Einfluß im Laufe der Entstehungsgeschichte stark zurückgedrängt wurde, blieb *Baal* doch streng an Vorbildern orientiert, welche die fast aufdringlich genauen autobiographischen Parallelen des Textes zu objektivieren suchten. Schon im Brief an Caspar Neher vom 30. Mai 1918 ist ja Baals Erlebnis des Himmels als das des eigenen Weltgefühles vorformuliert, wie sich überhaupt in Briefen, Tagebüchern und Aufzeichnungen die Zitatparallelen häufen: »Wir baden im Lech, in den Strudeln, und auf dem Rücken dahinschießend (das habe ich Dir wohl schon geschrieben? Es ist ein unendlicher Eindruck), sieht man

12 B 57.
13 B 58.
14 B 57.
15 Hanns Johst, *Der Einsame. Ein Menschenuntergang*, München ³1917, S. 66.
16 Ebd., S. 70.

nackten Himmel, offen, hungrig, ewigstill, tagsüber mit metallischer Strahlung, abends violett.«[17]

Die Ahnenreihe, welche sich Brecht zur Abwehr des expressionistischen Pathos zuschrieb, reicht von François Villon, dem Vagantendichter im Frankreich des 15. Jahrhunderts, über Paul Verlaine und Frank Wedekind bis zu Karl Valentin, für Brecht »eine der eindringlichsten geistigen Figuren der Zeit«, welche »den *Einfältigen* die Zusammenhänge zwischen Gelassenheit, Dummheit und *Lebensgenuß* leibhaftig vor Augen führt«.[18] Insbesondere Verlaines, an Villon erinnerndes Vagabundenleben mit Rimbaud, sein Ausbruch aus der Bürgerlichkeit seiner Ehe, seine Trunksucht, sein Mordversuch an Rimbaud und die Genialität seiner Lyrik, strukturieren die Szenenfolge des *Baal*. In der letzten, 1954 hergestellten Überarbeitung des Stückes wird daher Baals Verwandtschaft mit dem Vorläufer des französischen Symbolismus nicht nur beiläufig, wie in den frühen Fassungen des Textes, erwähnt,[19] sondern die Parallelität des Lebenslaufes dezidiert aus der von Brecht zitierten physiognomischen Ähnlichkeit seines Baal mit Eugène Carrières berühmtem Porträt von Paul Verlaine begründet:

EINE JUNGE DAME   Mich erinnern Sie eher an Walt Whitman. Aber Sie sind bedeutender. Ich finde das.
EIN ANDERER MANN   Dann hat er aber eher etwas von Verhaeren, finde ich.
PILLER   Verlaine! Verlaine! Schon physiognomisch. Vergessen Sie nicht unsern Lombroso.[20]

17 B 44 f.
18 Bertolt Brecht, *Schriften 1; Werke*, Große kommentierte Berliner und Frankfurter Ausgabe – zit. als: GBA –, Bd. 21, bearb. von Werner Hecht unter Mitarb. von Marianne Conrad, Sigmar Gerund und Benno Slupianek, Berlin [u. a.] 1992, S. 101 f.
19 Dieter Schmidt, *»Baal« und der junge Brecht. Eine textkritische Untersuchung zur Entwicklung des Frühwerks*, Stuttgart 1966, S. 11–15.
20 Bertolt Brecht, *Baal; Stücke 1*, in: GBA, Bd. 1, bearb. von Hermann Kähler, Berlin [u. a.] 1989, S. 17–173, hier S. 169. – Nach dieser Edition wird das Werk nach Möglichkeit auch im folgenden zitiert.

Der Mediziner und Anthropologe Cesare Lombroso, durch den die These über den Zusammenhang von Genie und Wahnsinn weithin bekannt geworden ist, galt noch bei den Zeitgenossen Brechts als eine Autorität ersten Ranges. Seit gegen Ende des Jahrhunderts sein *L'uomo delinquente* ins Deutsche übersetzt worden war, spekulierten auch die deutschen Autoren über den Zusammenhang von Künstlertum und Verbrechen. Lombroso vertrat die schon im 19. Jahrhundert widerlegte These, daß »die Ursachen der Verbrechen in der körperlichen Beschaffenheit der Täter« zu suchen sei,[21] so daß die von Brecht konstruierten körperlichen Ähnlichkeiten zwischen Baal und Verlaine auf ein vergleichbares Schicksal verweisen. Nach Eugène Carrières Verlaine-Porträt hat Caspar Neher auch das Umschlagbild der zweiten Kiepenheuer-Ausgabe des *Baal* (von 1922)[22] gestaltet: »Es ist der peinliche Schädel des Sokrates und des Verlaine.«[23] Auch wenn nach Dieter Schmidts scharfsinniger Quellenkritik Brecht das »eigenartige Nebeneinander von Sokrates und Verlaine« der Verlaine-Auswahl von Otto Hauser entnommen hat,[24] so verweist diese Parallele doch auf die lehrhafte Komponente des *Baal*, in dem die Biographie eines denkenden Dichters und eines genießenden Denkers beschrieben wird, der von den ›Bürgern‹ als ein Weiser und ein Genie gepriesen wird, der sich aber Haß und Verfolgung in dem Augenblick zuzieht, in dem er aus dem Gefängnis der Konventionen ausbricht.

In der dezidierten Absage Baals an das Grundgebot des Christentums, in der Absage an das Gebot der Gottes-, der Nächsten-, ja der Feindesliebe, wird der anarchische Ursprung Baals, die Zerstörung des Individuums durch die Überpotenzierung des Subjektivismus, kenntlich. Baal hat als Bühnenfigur vor allem deshalb wenig Eigenleben, weil er in

---

21 Schmidt (s. Anm. 19) S. 13.
22 Ebd., S. 14.
23 GBA 1,18.
24 Schmidt (s. Anm. 19) S. 13.

allem und jedem die totale Antiposition zu der von ihm
provozierten sozialen Welt darstellt, in der er lebt und
durch die er vagabundiert. Mit dieser Welt – eines spätwil-
helminischen Bürgertums – wird er leben und untergehen.
In diesem Baal also zieht Brecht die radikale Konsequenz
aus der Außenseiterthematik des 19. Jahrhunderts, da er
einen Lyriker vorführt, der auf alle Versuche zur Eingliede-
rung in das bürgerliche Lebenssystem mit dem ästhetischen
Schock antwortet, da er zwischen Fiktion und Existenz keinen Abstand duldet, sondern die Kunst als integrierten Teil
des Lebensgenusses lebt.

Die Satire der Erlöserrolle des Dichters, die in späteren
häufigen Abwandlungen des Baal im Werke Brechts wieder-
kehrt, ist schon in Brechts erstem Stück, dessen Entstehung
sich ja mit der Ausarbeitung von *Trommeln in der Nacht*
überschneidet, erkennbar und unmittelbar aus dem Lebenslauf des Verlaine gewonnen. Die Parallele zum öffentlichen
Auftreten Jesu und zum Scheidungsdatum Verlaines, durch
das sich auch äußerlich dessen Bruch mit der bürgerlichen
Welt dokumentierte, ist im Vorspruch zur zweiten Fassung
des *Baal* zu erkennen: »Der Mann ist kein besonders moderner Dichter. Baal ist von der Natur nicht benachteiligt.
Man muß wissen, daß er bis über sein 30. Lebensjahr hinaus
völlig unbescholten dahinlebte.«[25] Doch auch sonst sind die
bibel- und frömmigkeits-parodistischen Elemente – nicht
nur in der ursprünglichen Titelanspielung auf die Verklärung Christi – in großer Zahl in das Stück eingearbeitet. So
ist von der »befleckten Empfängnis« die Rede, und die
Szene, in welcher Baal seine tote Mutter auf den Knien
wiegt, ist nicht zufällig eine Verkehrung der Pietà.[26] Die satirische Perversion der expressionistischen Dichter-Erlöser-
Figur, hier stärker an Bildern aus der Frömmigkeitsge-
schichte als am Wort der Schrift selbst exemplifiziert, weist
demnach schon in *Baal* auf Brechts Absicht, »das Selbst-

25 GBA 1,18.
26 Ebd., S. 74, 76 u. ö.

opfermotiv und den Chiliasmus« der Verkündigungsdra-
matik vitalistisch »zu deflationieren«.[27] Doch ist Baal mehr
als der »Satan des Spießers«[28], mehr auch als die bloße Antithese der Künstler- und Leidensgestalten des expressionistischen Dramas. Brecht widerspricht in der grotesken Häß-
lichkeit und in der Genußfreudigkeit seiner Dichterfigur
auch dem ästhetizistischen Credo der von Richard Wagner
und Friedrich Nietzsche geprägten Literatur der Jahrhundertwende, dem Psychologismus und dem Schönheitskult
der impressionistischen Moderne ebenso wie der unfreiwil-
ligen Komik trivialer Unterhaltungsliteratur. »Die schöne
Welt jenes ästhetisierenden Zeitabschnitts«, der – nach
Heinrich Mann – schon Frank Wedekind provozierend und
schockierend entgegengetreten war,[29] wurde von Brecht
nochmals desillusioniert; sein Baal wendet gleichsam die
Gedanken von Thomas Manns ästhetizismus-kritischer Gestalt Gustav von Aschenbach nach außen, lebt und genießt
dessen wollüstige Träume, verachtet dessen »Aufstieg zur
Würde«[30] und verkehrt das bürgerliche Leistungsethos
Aschenbachs in das individualistische Ethos des Genusses.
Leistungsethik wird in Brechts Text mit dem Namen Richard Wagner gekennzeichnet, dessen *Tristan* der junge
Brecht mit einer »Arie an seine Wolfshündin Ina« so un-
nachahmlich parodiert haben soll.[31] »Sie kennen nur Trans-
spirationen und Inspirationen!« – sagt der Neger John »hinter den Kulissen eines Kabaretts« zu Baal. »Gott sei Dank

27 Herbert Lehnert, »Die Fragwürdigkeit geistiger Politik. Brechts *Trommeln in der Nacht* und Tollers *Hinkemann*«, in: *Akten des VI. Internationalen Germanisten-Kongresses*, Tl. 4, Basel 1980, S. 105 und 107.
28 Wie Peter Michelsen Frank Wedekind genannt hat. Vgl. P. M., »Frank Wedekind«, in: *Deutsche Dichter der Moderne. Ihr Leben und Werk*, hrsg. von Benno von Wiese, Berlin 1965, S. 64.
29 Schmidt (s. Anm. 19) S. 17.
30 T. J. Reed, »*Der Tod in Venedig*«. Text, Materialien, Kommentar, mit den bisher unveröffentlichten Arbeitsnotizen Thomas Manns*, München 1983, S. 17.
31 Münsterer (s. Anm. 6) S. 120.

fällt das bei Ihnen nicht zusammen, wie bei Richard Wagner!«[32] Die »Leistung« Baals und all seiner Nachfolgefiguren im Werke Brechts, von Andreas Kragler bis hin zu Puntila, dem Azdak und Galileo Galilei, ist die Fähigkeit des
Genusses; sie allein bedingt auch Kraft und Wirkung des
künstlerischen Werkes – als eines natürlichen Verdauungsvorganges. Intellektualität und Sinnlichkeit also sind in dieser schmatzenden Philosophie des Lebensgenusses miteinander identifiziert.

So nimmt schon Brechts dramatischer Erstling die immanent tragische Konstellation des Schauspieles *Leben des
Galilei* vorweg, in dem die Titelfigur dadurch charakterisiert wird, daß für sie »Genießen [...] eine Leistung« ist.[33]
Galileis Feinde aber erkennen den offenkundigen Zusammenhang von Sinnlichkeit und Wissenschaft in der Wollust
dieses Denkens und erpressen ihn mit der Drohung des
Entzugs leiblicher und damit auch geistiger Genüsse: »Er
kennt mehr Genüsse als irgendein Mann, den ich getroffen
habe« – sagt der Papst in diesem Stück. »Er denkt aus Sinnlichkeit. Zu einem alten Wein oder einem neuen Gedanken
könnte er nicht nein sagen.«[34]

Auch wenn der sich zum Marxismus bekennende Brecht
bemüht war, die Haltung Galileis als die eines sozialen Verbrechertums zu kennzeichnen, so ist doch die Nähe des Autors zu den Baal-Figuren auch seiner späteren Dramen an
den – von ihm selbst so genannten – gestalterischen »Unfällen« kenntlich, die ihm bei einer für Zuschauer und Leser
allzu sympathischen Figurencharakterisierung unterliefen.
Die Bedeutung des *Baal* gründet nicht zuletzt darin, daß es
im Gesamtwerk Brechts eine Baal-Struktur gibt, eine Struktur elementar-vitalistischen Bekenntnisses zum Lebensgenuß, die – jeweils stärker oder schwächer hervortretend –

32 GBA 1,50; vgl. ebd., S. 101.
33 Bertolt Brecht, *Leben des Galilei; Stücke 5*, in: GBA, Bd. 5, bearb. von Bärbel Schrader und Günther Klotz, Berlin [u. a.] 1988, S. 254.
34 Ebd., S. 269.

auch die späteren Texte Brechts, vor allem die der Exilzeit, unterlagert.[35]

Obwohl wir seit Dieter Schmidts textkritischen Analysen wenigstens fünf Fassungen des Textes *Baal* (von 1918 bis 1955) unterscheiden, wird doch gerade an diesen Analysen der prozeßhafte Charakter von Brechts Arbeitsweise deutlich, da bei einer engeren Definition des Fassungsbegriffes, als sie Schmidt gebraucht, eine weit größere Zahl von ›Fassungen‹ anzusetzen wäre. Kein Manuskript, kein Typoskript und kein Druck kann als der endgültig autorisierte Text bezeichnet werden; der Baal-Stoff ist ein Lebensthema Bertolt Brechts.

Wirkungsgeschichtlich ist nicht nur die letzte, 1955 erschienene Ausgabe, welche die neueren Auseinandersetzungen mit dem Text bestimmte, von Bedeutung, sondern vor allem die dritte und die vierte Fassung von 1920 und 1926. Die dritte, der Aufführbarkeit und dem eine Konfiszierung fürchtenden Verlag zuliebe von »Inkonsequenzen und Anstößigkeiten«[36] befreite Fassung ist nicht nur die Basis für den nicht ausgelieferten Druck bei Georg Müller (1920) und den Erstdruck bei Kiepenheuer (1922), sondern auch für die Uraufführung des Stückes am 8. Dezember 1923 im Alten Theater in Leipzig, die – im Umfeld der Reichsexekution gegen Sachsen – zu Skandal und heftigen Kritikerkontroversen führte. Brecht hat selbst erkannt, daß er mit dieser Fassung dem *Baal* viel von seiner Ursprünglichkeit genommen hat; er schien ihm »nimmer frisch und ursprünglich, viel zu abgeschliffen, verfeinert, verflacht«,[37] doch wurde ihm offenkundig bewußt, daß die Fassungs-Rotationen die-

35 Walter Muschg, »Brechts erstes Stück«, in: W. M., *Pamphlet und Bekenntnis. Aufsätze und Reden*, ausgew. und hrsg. von Peter André Bloch in Zsarb. mit Elli Muschg-Zollikofer, Olten / Freiburg i. Br. 1968, S. 369 f.
36 Bertolt Brecht, *Baal. Der böse Baal der asoziale. Texte, Varianten, Materialien*, krit. ed. und komm. von Dieter Schmidt, Frankfurt a. M. 1968, S. 122.
37 Ebd., S. 99.

ses ersten Stückes nicht nur die eigene literarische und politische Entwicklung, sondern auch die der Weimarer Republik widerspiegelten. So setzte die vierte, *Lebenslauf des Mannes Baal* überschriebene Fassung – entstanden im Jahr der Wahl des »Ersatzkaisers« Paul von Hindenburg zum Reichspräsidenten – völlig neu an, da der Autor nun die mythische Titelfigur ironisch historisierte, ihr ein »Urbild«, eine historische Situation (1904–12, also die Jahre des sterbenden Friedens) und ein zeitnahes Milieu geschaffen hat. Brecht wollte mit dieser Fassung die Chance wahrnehmen, die sich ihm mit der Berliner Aufführung seines Stückes durch die *Junge Bühne* im Deutschen Theater, am 14. Februar 1926, bot, »eine von ihm schon geformte Figur umfunktionieren, sie den Bedingungen des technischen Zeitalters unterwerfen und mit ihr so seine neue Ansicht vom Theater demonstrieren, deren Grundlage die ›unliterarische‹ Tradition ist«.[38]

Auch die von Brecht selbst inszenierte Berliner Aufführung aber endete mit einem Eklat, einem vorbereiteten Skandal, wie Herbert Ihering meinte.[39] Schließlich gab es das Theater, das sich Brecht für seine Stücke vorgestellt hatte, noch nicht; nach Ihering war es »die Idee eines Rauchtheaters. Eines einfachen Theaters, wo die Zuschauer rauchen und trinken wie im Varieté«;[40] eine solche Bühne hatte Brecht im Theater Karl Valentins bewundern gelernt. Doch es fehlte auch noch das Publikum, das bereit war, Brecht auf dem Wege zu einem solchen »Rauchtheater« zu folgen und die Feierlichkeit des Theaterkultes aufzugeben. In Leipzig wurde *Baal* im Dezember 1923 »zur Verhütung weiterer Skandals« durch einen Beschluß des »Gemischten Theaterausschusses« des Stadtverordnetenkollegiums nach der Uraufführung abgesetzt, in Berlin aber griff das Büh-

---

38 Bertolt Brecht, *Baal. Drei Fassungen*, krit. ed. und komm. von Dieter Schmidt, Frankfurt a. M. 1966, S. 211.
39 Brecht (s. Anm. 36) S. 185 f.
40 Ebd., S. 187.

nengeschehen auf den Zuschauerraum über, aus dem Hans Henny Jahnn über eine wahre Orgie berichtete: »Baal war abgetreten, die Chansonette war allein auf der Bühne. Man pfiff, schrie, heulte, klatschte im Zuschauerraum. Die Schauspielerin schwang sich aufs Klavier, bearbeitete mit den Füßen die Tasten und sang dazu: ›Allons, enfants de la patrie!‹ Der Lärm wurde ungeheuer.«[41]

Brecht hatte schon im Vorspruch zur ersten Fassung darauf hingewiesen, daß sein Stück »weder die Geschichte einer noch die vieler Episoden, sondern die eines Lebens« sei,[42] und mußte nun in den Kritiken, selbst in denen seines konsequenten Förderers Ihering, lesen, daß er eine »genialische, szenische Ballade«, »ein Stück der losen Szenen«, einen »naturschlemmenden Bilderbogen« geschrieben habe;[43] so suchte er in der Berliner Bühnenfassung durch das eingezogene Zeit- und Milieugerüst deutlicher eine »dramatische Biographie« zu gestalten, die lyrisch-dramatische Moritat »durch Szenenansagen auf Tatsachengehalt« zu stellen und »hinter der versinkenden Naturwelt des *Baal* [...] das Nahen einer eisernen, steinernen, mathematischen Zeit« anzudeuten.[44] Dieses Experiment scheiterte nicht nur an einem Publikum, das *Baal* als ein Ingredienz der orgiastischen Nachkriegsentspannung in den ›roaring twenties‹ verstand, sondern auch an der Intention des Autors, anstelle der Biographie *eines* Menschen die Biographie *des* abendländischen Individuums im Augenblick seiner Selbstzerstörung einzufangen. Hugo von Hofmannsthals Vorspiel für die Wiener Aufführung des *Baal*, auf der Studiobühne des Theaters in der Josefstadt am 21. März 1926, scheint diese Intention von Brechts Szenenfolge, das heißt die Entlassung des im 16. Jahrhundert entstandenen und im 19. Jahrhundert voll-

41 Hans Henny Jahnn, »Vom armen Bertolt Brecht«, in: *Sinn und Form. Beiträge zur Literatur* 9 (1957) 2. Sonder-H. Bertolt Brecht, S. 425.
42 GBA 1,18.
43 Brecht (s. Anm. 36) S. 169, 186, 176 u. ö.
44 Ebd., S. 187 (Kritik von Ihering).

endeten Begriffes des Individuums aus all seinen »herkömmlichen historischen und sozialen Grenzen«[45], am klarsten erkannt zu haben.[46] In der *Das Theater des Neuen* programmatisch überschriebenen *Ankündigung* diskutieren Regisseur, Dramaturg und Schauspieler des Theaters in der Josefstadt über die bevorstehende, in Leipzig und Berlin mit so viel Unverständnis und Mißfallen aufgenommene Aufführung des – eben dadurch – schon berüchtigten Stückes und kommentieren in einem Vorspiel, in dem »sozusagen jeder sich selbst« spielt,[47] das Experiment ihrer avantgardistischen Bühne. Sie alle halten – in dem von Hofmannsthal fingierten Gespräch – »die ominösen Vorgänge in Europa«, denen sie seit zwölf Jahren, das heißt seit dem Ausbruch des Ersten Weltkrieges (1914), beiwohnen, für nichts anderes »als eine sehr umständliche Art, den lebensmüden Begriff des europäischen Individuums in das Grab zu legen, das er sich selbst geschaufelt hat«.[48] Die Sehnsucht der Zeit also, die im *Baal* ihren Ausdruck findet, zielt auf die Erlösung vom abendländischen Begriff des Individuums. Dabei ist Hofmannsthals Brecht-Deutung zufolge dieser Begriff, der Ich-Rolle der Schauspieler im Vorspiel vergleichbar, eine der geschichtsmächtigen Menschheitsrollen, die nun an ihr natürliches Ende gekommen ist. Indikator für eine solche epochale Wende ist die Sprache, die es satt hat, »in aller Mund zu sein«.[49]

Für Hofmannsthal, der *Baal* an das Ende einer langen Reihe von Krisenkonfigurationen der bürgerlichen Welt des

---

45 Hugo von Hofmannsthal, »Das Theater des Neuen. Eine Ankündigung«, in: H. v. H., *Gesammelte Werke in zehn Einzelbänden*, hrsg. von Bernd Schoeller in Beratung mit Rudolf Hirsch, Bd. 3: *Dramen III. 1893–1927*, Frankfurt a. M. 1979, S. 513.

46 Vincent J. Günther, »Hofmannsthal und Brecht. Bemerkungen zu Brechts *Baal*«, in: *Untersuchungen zur Literatur als Geschichte. Festschrift für Benno von Wiese*, hrsg. von Vincent J. Günther, Helmut Koopmann, Peter Pütz, Hans Joachim Schrimpf, Berlin 1973, S. 505–513.

47 Hofmannsthal (s. Anm. 45) S. 503.

48 Ebd., S. 510.

49 Ebd., S. 509.

19. Jahrhunderts gestellt hat, mag inhaltlich die Darstellung von Verwesung und Untergang in diesem Text dominiert haben, formal und sprachlich sah er das »Theater des Neuen« am Werk, da der in *Baal* dargestellte Kreislauf der Natur ja das Gesetz des Lebens aus der Zerstörung des Lebens sinnbildlich darstellt. Die Kreisstruktur des »Chorals vom großen Baal«, der in der ersten Fassung die überlegte Szenenfolge dort teilte, wo Baal, nachdem er zu seiner Portion (Leben) gekommen ist, zu »zahlen« beginnt – und selbst dies noch zu genießen scheint[50] –, ist einem so sensiblen Kunstinterpreten wie Hofmannsthal mit Sicherheit nicht entgangen:

> Als im weißen Mutterschoße aufwuchs Baal
> war der Himmel schon so groß und still und fahl
> jung und nackt und ungeheuer wundersam
> wie ihn Baal dann liebte, als Baal kam.

> Und der Himmel blieb in Lust und Kummer da
> und wenn Baal schlief, selig war und ihn nicht sah:
> nachts er violett und trunken Baal
> Baal früh fromm, er aprikosenfahl.

> [...]

> Als im dunklen Erdenschoße faulte Baal
> war der Himmel noch so groß und still und fahl
> jung und nackt und ungeheuer wunderbar
> wie ihn Baal einst liebte, als Baal war.[51]

In allen späteren Fassungen, auch in der von 1926, die Hofmannsthal vermutlich kannte, wurde der »Choral vom großen Baal« an den Beginn des Stückes gestellt, da die Szenenfolge des Bilderbogens lediglich die Strophen des in der Tat künstlerisch »›großen‹ Chorals« in Handlung umsetzt.[52] Im

50 Brecht (s. Anm. 38) S. 58–60.
51 GBA 1,141.
52 Brecht (s. Anm. 36) S. 183.

»Choral vom großen Baal« feiert die Farbsymbolik der
Dekadenzliteratur Triumphe, doch herrscht bei Brecht
nicht der dort bis zum Exzeß getriebene Rot-Weiß-Ge-
gensatz als Abbild für den Antagonismus von Leben und
Geist, für den Neovitalisten korrespondieren »violett«
und »aprikosenfahl«, die subjektiv gesehenen und vom jeweiligen körperlichen Zustand Baals abhängigen Farben,
mit Abend und Morgen, den Zeiten des Übergangs. Weiß
und Schwarz, Hell und Dunkel stehen für Geburt und
Tod, doch sind die gemischten Farben die Farben des Lebens, die allein zwischen Hell und Dunkel für kurze Zeit
zu sehen und zu genießen sind. Brecht übersteigert die
Stilmittel des Ästhetizismus und seiner Kritiker und gewinnt, wie die Décadence-Literatur, Schönheit aus dem
Untergang, gerade – und hier sogar ausschließlich – aus
dem eigenen Untergang. Zu diesen Untergängen, aus denen Baal – im Anschluß an Wedekind – »direkten und
naiven Genuß«[53] zieht, gehören für den Autor des *Baal*
auch alle literarischen Untergänge vom 19. Jahrhundert bis
in die unmittelbare Gegenwart Brechts, man könnte zugespitzt formulieren, von Hebbel bis zum Expressionismus.
Das Aas, von dem der geniale Nachkomme des bürgerlichen Zeitalters der deutschen Literatur sich nährt, ist ver-
wesende, untergehende, oft auch schon untergegangene
und vergessene Literatur. Noch der Geier, der sich vom
Aas nährt, verfällt dem Genußtrieb Baals, der alles Leben
gierig in sich hineinsaugt und es sogleich wieder ausspeit,
den eigenen Untergang lustvoll beschleunigend. Der auf
sein Aas wartende Geier ist Baals »Abendmahl« – noch
einmal eine pervertierende Reminiszenz an die Erlöserrolle des Dichters! –; das heißt: ehe er selbst zum Aas
wird, vertilgt der Mensch das sich von der Verwesung
nährende Tier, Baal ist das »Urtier«:

53 Michelsen (s. Anm. 28) S. 52.

Zu den feisten Geiern blinzelt Baal hinauf
die im Sternenhimmel warten auf den Leichnam Baal.
Manchmal stellt sich Baal tot. Stürzt ein Geier drauf
speist Baal einen Geier, stumm, zum Abendmahl.[54]

So ist Baal der gierige Schlund des Daseins selbst, in dem
Leben und Tod, Kunst und Natur ununterscheidbar inein-
ander übergehen, in dem strudelnd die Epochen der
Menschheitsgeschichte ebenso verschwinden wie die Epochen der Naturgeschichte. Im Sinnbild eines »Lebenslaufes«, der letztlich doch ein »Menschenuntergang« geworden
ist, hat der junge Brecht, mit seinem Spürsinn für Untergang und Neubeginn von Menschheitsepochen, das Schauspiel *Baal* an das Ende einer alten und den Beginn einer
neuen Epoche auch der deutschen Literatur gestellt.

54 GBA 1,141.

Literaturhinweise

Bertolt Brecht: Baal. Drei Fassungen. Krit. ed. und komm. von Dieter Schmidt. Frankfurt a. M. 1966. [Die neue Edition von Brechts Werken, die Große kommentierte Berliner und Frankfurter Ausgabe, macht Schmidts Editionen nicht entbehrlich.]

Bertolt Brecht: Baal. Der böse Baal der asoziale. Texte, Varianten, Materialien. Krit. ed. und komm. von Dieter Schmidt. Frankfurt a. M. 1968.

Brecht-Chronik. Daten zu Leben und Werk. Zsgest. von Klaus Völker. München ²1971.

Frisch, Werner / Obermeier, K. W.: Brecht in Augsburg. Erinnerungen, Dokumente, Texte, Fotos. Berlin/Weimar ²1986.

Günther, Vincent J.: Hofmannsthal und Brecht. Bemerkungen zu Brechts *Baal*. In: Untersuchungen zur Literatur als Geschichte. Festschrift für Benno von Wiese. Hrsg. von Vincent J. Günther, Helmut Koopmann, Peter Pütz, Hans Joachim Schrimpf. Berlin 1973. S. 505–513.

Hauptmann, Elisabeth: Notizen über Brechts Arbeit 1926. In: Sinn und Form. Beiträge zur Literatur 9 (1957) 2. Sonder-H. Bertolt Brecht. S. 241–243.

Jahnn, Hans Henny: Vom armen Bertolt Brecht. In: Sinn und Form 9 (1957) S. 424–429.

Münsterer, Hans Otto: Bert Brecht. Erinnerungen aus den Jahren 1917–22. Mit Photos, Briefen, Faksimiles. Zürich 1963.

Muschg, Walter: Brechts erstes Stück. In: W. M.: Pamphlet und Bekenntnis. Aufsätze und Reden. Ausgew. und hrsg. von Peter André Bloch in Zsarb. mit Elli Muschg-Zollikofer, Olten/Freiburg i. Br. 1968.

Schmidt, Dieter: *Baal* und der junge Brecht. Eine textkritische Untersuchung zur Entwicklung des Frühwerks. Stuttgart 1966.

Vassen, Florian: Die ›Verwerter‹ und ihr ›Material‹ Brecht und Baal. Bertolt Brechts *Baal*, ein Gegenentwurf zu Hanns Johsts *Der Einsame*. In: Grabbe-Jahrbuch 8 (1989) S. 7–43.

Weisstein, Ulrich: The lonely *Baal*. Brecht's first play as a parody of Hanns Johst's *Der Einsame*. In: U. W.: Links und links gesellt sich nicht. Gesammelte Aufsätze zum Werk Heinrich Manns und Bertolt Brecht's. New York [u. a.] 1986. S. 303–325.

Leben des Galilei[1]
Zweifelskunst, abgebrochene Dialektik, blinde Stellen

Von Gert Sautermeister

> Sie handelt mit Wissen, gewonnen durch Zweifel.
> Wissen verschaffend über alles für alle, trachtet sie danach, Zweifler zu machen aus allen.
>
> *Galilei über die Wissenschaft*

Fragestellungen – Erkenntnisinteresse

Die verschiedenen Fassungen des *Galilei*[2] verlocken die Leser seit jeher zu kontroversen Wertschätzungen – durch gemeinsame Grundannahmen nähern sie sich einander wieder an. Man ist sich meist darin einig, daß Brechts Stück eine

---

1 Der folgende Aufsatz ist die gekürzte Fassung der 1984 vorgelegten Analyse in: *Brechts Dramen. Neue Interpretationen* , hrsg. von Walter Hinderer, Stuttgart 1984. – Die Kürzungen betreffen auch einige Verweise auf die ältere Forschung; mitberücksichtigt (wenn auch leider nicht vollständig) wurde die neuere Forschung zum *Galilei* in den *Anmerkungen* und *Literaturhinweisen*. Weitere Hinweise finden sich bei Zimmermann (s. Anm. 15) und Hallet (s. Anm. 21).

2 Wir analysieren hier hauptsächlich die dritte Fassung (s. weiter unten). Die drei Fassungen des *Galilei* macht in vorbildlicher Weise zugänglich: Bertolt Brecht, *Werke*, Große kommentierte Berliner und Frankfurter Ausgabe, hrsg. von Werner Hecht, Jan Knopf, Werner Mittenzwei und Klaus-Detlef Müller – zit. als: GBA –, Bd. 5: *Stücke 5: Leben des Galilei* (Fassung 1938/1939, GBA 7–115) – *Galileo* (English Adaptation 1947, GBA 117–186) – *Leben des Galilei* (Fassung 1955/56, GBA 187–289), Red. Bärbel Schrader und Günther Klotz, Berlin [u. a.] 1988. Nach der letztgenannten Fassung wird der Text (sofern nicht anders angegeben) im folgenden zitiert. – Die Einzelausgabe des *Galilei* (edition suhrkamp, 1) enthält, ebenso wie die der *Stücke* (Bd. 8) und der *Gesammelten Werke in 20 Bänden* (Bd. 3), eine mißverständliche editorische Notiz, die den Eindruck erweckt, es handle sich hier um die erste, sogenannte »Dänische Fassung« von 1938/39 (und als sei dieser Text im Zusammenhang mit der eben erst entdeckten Kernspaltung entstanden). In Wirklichkeit handelt es sich um die dritte, sogenannte »Berliner

»weitgehend konventionelle Bauart«[3] habe, daß seine Dramatik »recht traditionell«[4], ja »befremdlich konventionell«[5] sei. Moderner, der Theorie des epischen Theaters angemessener, muten der Forschung Gehalt und Aussagekraft des *Galilei* an.[6] Wir wollen die Ansichten probeweise umkehren, scheint uns doch der Geist des Dramas, zumal in seiner dritten Fassung, da und dort erstaunlich traditionsbefangen, anders als seine überwiegend experimentelle Ästhetik. Brechts Drama, so unsere erste Überlegung, veranstaltet – wenn auch nicht konsequent – eine Selbstinszenierung zentraler Kategorien der Theorie und setzt dadurch *weitgehend* das Kriterium des Traditionellen und Konventionellen außer Kraft.[7] Dazu einige Stichworte:

Veränderung der Menschen und ihres Zusammenlebens ist Brechts Theorie zufolge die Hauptabsicht des epischen Theaters – des »Theaters des wissenschaftlichen Zeitalters«, wie er zu Beginn und am Ende des *Kleinen Organon* absichtsvoll betont.[8] Unter *Wissenschaft* versteht Brecht zuallererst die Wissenschaft von der Natur. Sie demonstriere »jene kritische, auf Veränderungen ausgehende, auf die Meisterung der Natur abzielende Haltung«, welche die

---

Fassung«, erschienen erstmals 1955 in Heft 14 der *Versuche* mit derselben mißverständlichen Notiz. Vgl. dazu Jan Knopf (s. Anm. 4) S. 159, 170.

3 Rémy Charbon, *Die Naturwissenschaften im modernen deutschen Drama*, Zürich/München 1974, S. 151.

4 Jan Knopf, »Leben des Galilei«, in: J. K., *Brecht-Handbuch. Theater. Eine Ästhetik der Widersprüche*, Stuttgart 1980, S. 174.

5 Klaus-Detlef Müller, »Brechts Leben des Galilei«, in: *Geschichte als Schauspiel*, hrsg. von Walter Hinck, Frankfurt a. M. 1981, S. 240–253, hier S. 247. – Brechts eigene Formzweifel am *Galilei* wirken zufällig und wenig überzeugend. Vgl. unsere Thesen im Kapitel »Sehen und Zweifeln«.

6 Charbon (s. Anm. 3) verleugnet diese Ansicht zu Unrecht. Zwar hält er es für »wenig ratsam, die Kategorien der theoretischen Schriften für die Interpretation des *Galilei* heranzuziehen« (S. 151), tut dies dann aber doch mit der Rede vom wissenschaftlichen Zeitalter und der Veränderung der Welt (S. 160).

7 So auch neuerdings Hallet (s. Anm. 21), vgl. Kap. 8.

8 Bertolt Brecht, *Schriften zum Theater. Über eine nicht-aristotelische Dramatik*, Frankfurt a. M. 1981 (Bibliothek Suhrkamp, 41), S. 129, 173.

Menschheit gegenüber ihren gesellschaftlichen »Verhältnissen, Verfahren, Verhaltensweisen und Institutionen« erst noch erlernen müsse. So heißt es in der fast zeitgleich mit dem *Galilei* entstandenen Schrift *Über experimentelles Theater*[9], einem der eindringlichsten Konzentrate Brechtscher Theorie. Die naturwissenschaftliche Haltung kritischer Gegenstandsprüfung und wachsender Gegenstandskenntnis hätte, laut Brecht, auch die *Gesellschaftswissenschaft* zu leiten, ja, letztere müßte künftig gleichsam die erste Geige spielen und ihrerseits die Naturwissenschaften lenken, wenn nicht das Wissen über die Natur *gegen* die Gesellschaft angewendet werden soll. Auf die eben erst entdeckte Kernspaltung anspielend, bemerkt Brecht 1939:

> Die Kenntnis der Natur der Dinge, so sehr und so ingeniös vertieft und erweitert, ist ohne die Kenntnis der Natur des Menschen, der menschlichen Gesellschaft in ihrer Gesamtheit, nicht imstande, die Beherrschung der Natur zu einer Quelle des Glücks für die Menschheit zu machen. (Exp. Th. 112)

Weil die menschliche Gesellschaft sich selbst und ihre wahren Interessen zu wenig kennt, droht ihr die neue Entdeckung zum Fluch eines Atomkriegs auszuschlagen.[10] *Wissen* über die Menschen als gesellschaftliche Wesen zu vermitteln und, analog zur *kritischen Haltung* des Naturwissenschaftlers, das gesellschaftliche Ganze zu kritisieren sowie für seine *Veränderung* einzutreten, wird als Aufgabe des epischen Theaters formuliert. Im *Galilei* erwachen diese kategorialen Bestimmungen zum theatralischen Leben. Durch das naturwissenschaftliche Entdeckerauge des italienischen

9 Wir zitieren diese 1939/40 entstandene Schrift nach der preiswerten und leicht zugänglichen Ausgabe desselben Titels (Frankfurt a. M. ³1979, edition suhrkamp, 377). – Vorstehendes Zitat auf S. 115; nachfolgende Zitate aus dieser Schrift werden zitiert als: Exp. Th. mit der Seitenzahl.
10 Diese Gefahr spielt für Brecht erst bei der Niederschrift der zweiten und dritten Fassung des *Galilei* eine Rolle, nicht schon, wie vielfach angenommen, bei der »Dänischen Fassung«. – Vgl. Knopf (s. Anm. 4) S. 159.

Astronomen gerät nicht nur die Erde in Bewegung, auch die Gesellschaft scheint in »große Fahrt« zu kommen. Unruhe ergreift das Volk, das Bürgertum schöpft soziale Kraft aus Galileis Physik, der Staat formiert sich zur Gegenwehr: die *Veränderbarkeit der Gesellschaft* wird im Medium der *erforschten Natur* zur Hoffnung oder Befürchtung aller. Die Kategorie ist keine bloß gedachte mehr: sie ist ästhetisches *Bauprinzip*, Motor der dramatischen Bewegung.

Eben damit kommt auch die Kategorie der *Verfremdung* ins Spiel: »Einen Vorgang oder einen Charakter verfremden heißt zunächst einfach, dem Vorgang oder dem Charakter das Selbstverständliche, Bekannte, Einleuchtende zu nehmen und über ihn Staunen und Neugierde zu erzeugen« (Exp. Th. 117). Im *Galilei* löst diese Verfremdung die gesamte Handlung aus und schlägt sich im Diskussionscharakter der Szenen nieder.[11] Staunend, neugierig, befremdet, beunruhigt, wider Willen schlägt die Menschheit ein neues Blatt im Buch der Geschichte auf und setzt sich im Für und Wider der Argumente damit auseinander. Die Verfremdung erwacht zu sich selber; indem sie das szenische Spiel durchdringt, betritt das Mittelalter die Schwelle zur Neuzeit. Wenn Brecht bemerkte, daß dem Menschen »all dies viele Gegebene [...] als ebensoviel Zweifelhaftes« erscheinen müßte,[12] so benennt er die spezifische Gestalt der Verfremdung im *Galilei*: den *Zweifel*.

Der Zweifel wirkt nicht nur in das Selbst- und Weltverständnis der Figuren hinein – er wirkt auch ihren Absichten und Vorhaben entgegen. Selbst die Entwürfe und Perspektiven des Zweifelskünstlers Galilei muß der Zuschauer bezweifeln lernen. Die Allgegenwart dieses Zweifels erzeugt die der Handlung eigentümliche *dramatische Ironie*, in deren kritisches Licht jede Figur und jede Meinung gerät. Erst

---

11 Helmut Jendreiek, *Bertolt Brecht. Drama der Veränderung*, Düsseldorf 1969, faßt die dramatisierte und thematisierte »Verfremdung« ähnlich wie wir auf (vgl. S. 281 f.).

12 Im *Kleinen Organon* (s. Anm. 8) S. 151.

dies ermöglicht dem Zuschauer jene *epische Distanz*, die für Brecht gleichbedeutend war mit dem »größten aller denkbaren Experimente«: dem »Aufgeben der Einfühlung« (Exp. Th. 116). Brechts zweifelnder Gestus führt dieses Experiment im theatralischen Spiel selber vor. Mit der Heraufkunft der neuen Naturwissenschaft können sich immer weniger Menschen in die vertraute Welt *einfühlen*; diese Welt, die vielen fremd wird, ist zugleich die aristotelisch-ptolemäische (in christlichem Gewande) – und die dramatis personae spiegeln den theatertheoretischen Widerstreit zwischen ›aristotelischer‹ Einfühlung in die hergebrachte Ordnung und kritischer Distanz dazu an sich selber und in ihren Diskussionen wider.[13] Das gesellschaftliche Kräfteverhältnis, das diesen Haltungen zugrunde liegt, tritt im *Galilei* immer entschiedener hervor und verhindert einen produktiven Bund zwischen Natur- und Gesellschaftswissenschaft, Naturaneignung und Gesellschaftsveränderung: die Phänomene treten im dramatischen Spiel auseinander und säen damit im Zuschauer kritische Zweifel gegen die sie trennende Sozialordnung.[14]

Die Selbstinszenierung der theoretischen Kategorien erfaßt, so unsere zweite Überlegung, das Schauspiel *weitgehend*, nicht durchgehend. Die Aufklärung über das dialektische Verhältnis zwischen naturwissenschaftlicher und gesellschaftlich eingreifender Haltung stößt auf eine Grenze. Dem Individuum wird eine heroische, uneinlösbare Verantwortung aufgebürdet, die dem *Galilei* unversehens Züge des traditionellen Helden-Dramas einschreibt – in auffälli-

---

13 Vgl. die treffende Bemerkung von Knut Nievers in dem Kurzartikel »Leben des Galilei«, in: *Kindlers Literatur Lexikon*, Bd. 4, München 1968, Sp. 1081: »Auch das anti-aristotelische Element der Brechtschen Theaterform ist in diesem Stück inhaltlich-thematisch gebunden: Das neue, kopernikanische tritt gegen das alte, aristotelische Weltbild auf.«
14 Zur Stellung des Zuschauers im Brechtschen Theater vgl. die grundlegende Schrift von Walter Hinck, *Die Dramaturgie des späten Brecht*, Göttingen ²1960, bes. S. 131–134.

gem Widerspruch zur gesellschaftsbewußten Konzeption des Werks.[15] Gerade das Schauspiel, das den Zweifel allerorten sät, ermächtigt auch zu zweifelnder Kritik an ihm selbst, im Geiste seiner eigenen Voraussetzungen. Solche Kritik, die aus der Immanenz des Kunstwerks entsteht, kann sich zum Teil auch auf die dem Drama eigene *theatralische Potenz* berufen. Wir fassen, mit anderen Worten, das Stück auch als theatralisiertes Schauspiel, nicht nur als Lesedrama auf, entgegen einem weitverbreiteten literaturwissenschaftlichen Brauch.[16] Außerdem handeln wir einer methodischen Gewohnheit zuwider, wenn wir schließlich den Blick auf Spielfelder richten, die jenseits der großen Handlungslinien und ihrer repräsentativen Figur liegen: auf Nebenhandlungen, sekundäre Motive, unscheinbare Gestalten, gleichsam

15 Ein Jahr nach der Publikation dieses Aufsatzes in seiner ursprünglichen, ausführlicheren Fassung (1984) erschienen zwei Brecht-Darstellungen, die ihn offensichtlich nicht mehr zur Kenntnis nehmen konnten: Werner Zimmermann, *Bertolt Brecht. Leben des Galilei. Dramatik der Widersprüche*, Paderborn 1985; sowie: Jörg-Wilhelm Joost, Klaus-Detlef Müller und Michael Voges, *Bertolt Brecht. Epoche – Werk – Wirkung*, hrsg. von Klaus-Detlef Müller, München 1985.

Zimmermanns kenntnisreiche Monographie behandelt außer der Entstehung und Struktur des *Galilei* auch dessen (theatralische und wissenschaftliche) Rezeption und gibt »didaktische Anregungen«. Zu meinem Aufsatz weist sie einige Parallelen auf (vgl. etwa die Seiten 41, 73–77, 87–91 oder das »Fazit«, S. 97). Zimmermanns ›Dramatik der Widersprüche‹ ist nicht durchweg schlüssig entfaltet; S. 40 beispielsweise wird die »Widersprüchlichkeit« des Charakterbildes« Galileis als eine plausible Strategie Brechts, S. 74 f. dagegen als eine Widersprüchlichkeit Brechts beschrieben. Auch Hallet (s. Anm. 21) trägt einige Einwände vor, vgl. S. 162, Anm. 55.

Im »Arbeitsbuch« Bertolt Brecht, auf das hier nachdrücklich verwiesen sei, greift Klaus-Detlef Müller unter anderem seine These von der »opportunistischen Form« des Dramas aus dem Jahre 1981 (Anm. 5) wieder auf; sie müßte eingehend diskutiert werden.

16 Gegen diesen Brauch wendet sich produktiv Volker Klotz, *Dramaturgie des Publikums*, München 1976. – Auch die Brecht-Forschung verhält sich anders als üblich. Sie hat Brechts auffälliges Interesse an Theatertheorie und Theaterpraxis ihrerseits nachvollzogen. Vgl. u. a. Hinck (s. Anm. 14); Gerold Koller, *Zuschauer, Theorie und Praxis im Schaffen Brechts*, Zürich/München 1979; Werner Hecht (Hrsg.), *Brechts Theorie des Theaters*, Frankfurt a. M. 1986.

auf die blinden Stellen des Werks. Sie bilden eine vom epischen Theater ausgegrenzte Randschicht, die ihm insgeheim opponiert – und gerade deswegen gewürdigt sein will. (Vgl. den Abschnitt »Fragen eines lesenden Bürgers«.) So sei hier in erster Linie versucht, kritische und unerprobte Fragen an Brechts Drama zu stellen.[17]

Wir beziehen uns vor allem auf die dritte, sogenannte »Berliner Fassung« des *Galilei* aus dem Jahre 1955, die im wesentlichen auf die 1945 fertiggestellte »Amerikanische Fassung« zurückgeht. Auf einige entscheidende Differenzen zur sogenannten »Dänischen Fassung«, 1938/39 im Exil abgeschlossen, wird in einem »Kritischen Fassungsvergleich« verwiesen. Fingerzeige auf die Entstehung und Eigenart der verschiedenen Fassungen gibt der informative Artikel Jan Knopfs.[18] Wer sich auf den gesamten verzweigten Entwicklungsweg der Fassungen begeben und ihre politischen Haupt- und Nebenschauplätze im einzelnen besichtigen will, wird Ernst Schumachers[19] gründliches Werk zur Hand nehmen; wen ihr zeitgeschichtlich-naturwissenschaftliches Umfeld interessiert, wird sich von Rémy Charbon[20] unterrichten lassen. Zahlreiche und

---

17 Inzwischen (im Laufe eines Jahrzehnts) ist manche Fragestellung aufgegriffen worden; vgl. etwa Suvin (s. Anm. 44) oder Hallet (s. Anm. 21). Kritische Fragen stellte auch Gerhard Szczesny, *Bertolt Brecht. Leben des Galilei*, Frankfurt a. M. / Berlin / Wien 1966. Sein Buch argumentiert allerdings aus einer betont konservativen, gelegentlich eifernd konservativen Sicht; methodisch macht es den Fehler, an das Drama einen strikt historisierenden Wertmaßstab (am Beispiel des geschichtlichen Galilei) anzulegen und es aus individualpsychologischen Annahmen, den Autor Brecht ›entlarvend‹, zu entwerten. Dennoch hätten einzelne Thesen Szczesnys (vgl. etwa S. 67 f.) die Aufmerksamkeit der Forschung verdient. – Darüber hinaus hat das Buch dokumentarischen Wert, weil es einige wichtige Szenen der ersten Fassung des *Galilei* zugänglich gemacht hat.

18 Knopf (s. Anm. 4).

19 Ernst Schumacher, *Drama und Geschichte. Bertolt Brechts Leben des Galilei und andere Stücke*, Berlin 1965, ²1968.

20 Vgl. Anm. 3.

sorgfältig abwägende Einblicke in die wissenschaftliche Literatur vermittelt jetzt die kluge Monographie von Wolfgang Hallet.[21]

Sehen und Zweifeln. Zur thematisch-ästhetischen Struktur[22]

Der Beginn des Schauspiels ist in die Atmosphäre quellfrischer Pädagogik getaucht. Wie da Galilei den kleinen mißtrauischen Andrea einen Apfel mit einem Holzsplitter kreisen läßt, um zu erwägen, auf welche Weise sich die Erde mit den Menschen dreht, wie er dem zweifelnden Schüler durch anschauliche Operationen die Vermutung nahelegt, daß die Erdbewohner um die Sonne kreisen und sie bald von unten, bald von oben wahrnehmen, wie er dem Staunenden solcherart zeigt, daß die Rede vom Auf- und Untergang der Sonne auf täuschenden Sinneseindrücken beruhen könnte: all dies hat den Zauber vorurteilsfreier, innovativer, anschaulicher Lehre. Es ist, als würde der Wahrheit ein jahrtausendealter Schleier abgestreift, ein Schleier, den der Augenschein, nein: der Augen-*Schein* gewoben hatte. Galilei bezweifelt den Schein, indem er die alltäglich-spontane Wahrnehmung durch ein Experiment, den sich drehenden Apfel, in Frage stellt. Der naturwissenschaftliche Zweifel zehrt an der sinnlich-spontanen Gewißheit, die eins ist mit dem gesunden Menschenverstand Andreas: »Aber ich sehe

---

21 *Bertolt Brecht. Leben des Galilei*, interpretiert von Wolfgang Hallet, München 1991 (Oldenbourg Interpretationen).

22 Wir greifen das Motiv des Sehens wieder in unserem letzten Kapitel auf (vgl. »Naturwissenschaftlicher Bildersturm«) und rücken es in andere Zusammenhänge als Jan Knopf, der, teilweise Hans Blumenbergs Einleitung zu: *Galileo Galilei. Sidereus Nuncius*, Frankfurt a. M. 1965, S. 7–75, folgend, in einem fachübergreifend-anregenden Aufsatz sich dazu geäußert hat: J. K., »Bertolt Brecht und die Naturwissenschaften«, in: *Brecht-Jahrbuch 1978*, Frankfurt a. M: 1978, S. 13–18 – wiederabgedr. bei Hecht (s. Anm. 31) und variiert im Handbuch-Artikel (s. Anm. 4).

doch, daß die Sonne abends woanders hält als morgens. Da kann sie doch nicht stillstehn! Nie und nimmer« (192).

Mißtrauisch machen, Zweifel säen gegen die überlieferte Anschauung durch das anschauliche Experiment – das ist ein Herzstück der wissenschaftlichen Pädagogik Galileis: einer schwierigen Pädagogik. Denn das neue Gesetz – daß sich die *Erde* um die Sonne dreht – kann nicht *gesehen* werden. Es muß vielmehr erst noch durch eine Fülle von physikalisch-mathematischen Daten *gegen den Augenschein* erschlossen werden. Wenn daher Galilei auf Frau Sartis entsetzte Frage, was in aller Welt er mit ihrem Jungen anstelle, antwortet: »Ich lehre ihn sehen« (193), so handelt es sich um ein unsinnliches, abstraktes Sehen im Medium des anschaulichen Experiments. Auch das Fernrohr unterstützt diese Sehweise nur, versinnlicht sie jedoch nicht. Das macht Galileis zweiter pädagogischer Dialog deutlich, bei dem an die Stelle des kritisch fragenden Andrea der Zweifler Sagredo tritt. Das Fernrohr ermöglicht dem Astronomen zwar eine schärfere sinnliche Beobachtung, es kann ihm die Lichtverhältnisse auf dem Mond und die Bewegung eines Sterns vor *Augen* führen. Aber das Gesetz selbst, demzufolge sich die Gestirne ebenso wie die Erde um die Sonne drehen und von ihr in unterschiedlicher, ständig wechselnder Art angeleuchtet werden, ist auch jetzt nicht zu sehen. Das technisch geschärfte Sehen vermag allenfalls zur wissenschaftlichen Erschließung des Gesetzes zu führen. Kurz – das Wahrnehmbare ist noch nicht das Gewußte. Es ist vielmehr an die schlußfolgernde, rechnende, abstrahierende Wissenslogik gebunden, an die unsichtbare *Beweiskraft* der physikalisch-mathematischen Formel. Daher treibt es Galilei auch von Padua an den Florentiner Hof, wo er Zeit für seine Beweisführungen gewinnen will.

Die Erprobung einer unkonventionellen, komplexen Wahrnehmungsweise ist eine für die Eingangsszenen des Schauspiels charakteristische Haltung. Wenn es zur Eigenart aller Kunst gehört, daß sie die Wahrnehmung aus ihren

Konventionen löst und eine differenziertere, schärfere, tiefere Sehweise beim Kunstbetrachter fördern kann, so insistiert Brecht auf dieser Eigenart geradezu, indem er sie zu einem Hauptthema erhebt und sie gleichsam in Szene setzt. Der forschende, demonstrierende, experimentierfreudige und veränderungswillige Pädagoge Galilei lehrt ein ungewohntes Verständnis des Weltalls und der *menschlichen Gesellschaft*. Seine neue Perspektive hat einen naturwissenschaftlich-sozialrevolutionären Doppelcharakter, und es ist dieser Doppelcharakter, der seiner Pädagogik so viel Frische, Elan, Leben verleiht. Galileis neue Physik versteht sich als Dolchstoß ins Herz der alten Meta-Physik. Die naturwissenschaftliche Entdeckung, daß die Erde sich, wie andere Gestirne auch, um die Sonne dreht, daß in dieser Hinsicht »kein Unterschied zwischen Mond und Erde«, Jupiter und Erde, ja überhaupt »zwischen Himmel und Erde« ist (205 f.), weil überall »nur Gestirne sind« (209), führt Galilei zu dem emphatisch-philosophischen Schluß: »Himmel abgeschafft« (206). Und weil da überall nur Gestirne sind, die »im Freien schweben, ohne Halt« (191), und die Erde als ein Gestirn unter anderen nicht mehr den »Mittelpunkt des Universums« bildet (209), ist nach Galilei auch das gesamte Erden- und Zusammenleben der Menschen »ohne Halt und in großer Fahrt«: »Und die Erde rollt fröhlich um die Sonne, und die Fischweiber, Kaufleute, Fürsten und die Kardinäle und sogar der Papst rollen mit ihr. [...] So daß jetzt jeder als Mittelpunkt angesehen wird und keiner« (191 f.).

Man sieht, wie behende Galilei seine neue Physik mit einer neuen Philosophie und Gesellschaftslehre assoziiert. Metapherntächtig wie ein Dichter schafft er das naturwissenschaftliche Gesetz zum Sinnbild eines anti-metaphysischen und anti-hierarchischen, dynamischen Weltverständnisses um, welches das gesellschaftliche Leben als veränderbar darstellt: veränderbar im Geiste der Freiheit und Gleichheit der Menschen.

Freilich – auch dieser Zukunftsentwurf muß sich erst im Scheidewasser des Zweifels bewähren. Aller ideologischen Gewißheit setzt Brechts Schauspiel die Haltung des Prüfens, In-Frage-Stellens, Verwerfens entgegen. Der kleine Mönch beispielsweise, Sohn armer Bauern, macht sich zum Anwalt des alten Weltbilds, das dem ausgebeuteten Volk wenigstens die Hoffnung auf den Lohn Gottes und auf ein besseres Jenseits lasse, während der Zweifel es der puren Ver-Zweiflung aussetze:

> Was würden meine Leute sagen, wenn sie von mir erführen, daß sie sich auf einem kleinen Steinklumpen befinden, der sich unaufhörlich drehend um den leeren Raum um ein anderes Gestirn bewegt, einer unter sehr vielen, ein ziemlich unbedeutender. Wozu ist jetzt noch solche Geduld, solches Einverständnis in ihr Elend nötig oder gut? [...] Es liegt also kein Auge auf uns, sagen sie. Wir müssen nach uns selber sehen, ungelehrt, alt und verbraucht, wie wir sind? Niemand hat uns eine Rolle zugedacht außer dieser irdischen, jämmerlichen auf einem winzigen Gestirn, das ganz unselbständig ist, um das sich nichts dreht? Kein Sinn liegt in unserm Elend [...]. (244)

Galilei meldet seinerseits Zweifel an diesem Volkszweifel an, so daß der Dialog abermals den Charakter eines wissenschaftlichen Disputs gewinnt, in dessen Verlauf des Physikers Überzeugungskraft pädagogisch zu Buche schlägt, im wahrsten Sinn des Wortes: Der kleine Mönch vertieft sich augenblicklich in Galileis Schriften, um die frisch erwachte Lust an der Erkenntnis zu stillen. So mutet es denn realistisch an, wenn eine der herrschenden Mächte, die Kirche, ein neues Zeitalter im Zeichen des Zweifels anbrechen sieht. Durch den »Geist der Auflehnung und des Zweifels«, so argumentiert der Inquisitor, sei »eine entsetzliche Unruhe [...] in die Welt gekommen«: »Sollen wir die menschliche Gesellschaft auf den Zweifel begründen und nicht mehr auf

den Glauben?« (267 f.) Der Inquisitor bringt das Stichwort
ins Spiel, das schon den Aufklärungsoptimismus Galileis
befeuerte: die Vernunft! Galilei:

> Ja, ich glaube an die sanfte Gewalt der Vernunft über
> die Menschen. Sie können ihr auf die Dauer nicht wi-
> derstehen. [. . .] Die Verführung, die von einem Beweis
> ausgeht, ist zu groß. Ihr erliegen die meisten, auf die
> Dauer alle. Das Denken gehört zu den größten Ver-
> gnügungen der menschlichen Rasse.   (211)

So äußert sich Galilei im Gespräch mit Sagredo. Die Allge-
walt des vernunftgeleiteten Zweifels scheint unbestreitbar.
Sagredo allerdings zweifelt an dieser Gewalt, sät Zweifel in
die Verführungskraft des Zweifels:

> Galilei, ich sehe dich auf einer furchtbaren Straße. Das
> ist eine Nacht des Unglücks, wo der Mensch die Wahr-
> heit sieht. Und eine Stunde der Verblendung, wo er an
> die Vernunft des Menschengeschlechts glaubt. [. . .]
> Wie könnten die Mächtigen einen frei herumlaufen las-
> sen, der die Wahrheit weiß, und sei es eine über die
> entferntesten Gestirne!   (214)

Brechts Schauspiel setzt Sagredos Zweifel in die dramatische Aktion um. Es entwaffnet Schritt für Schritt Galileis
Optimismus und enthüllt sich dergestalt als moderne Kritik
am aufklärerischen Vernunftenthusiasmus; es entblößt die
Hoffnung auf die philosophische und soziale Sprengkraft
des Zweifels an sich als ein Stück Religion, einen Glaubens-
rest bzw. einen neuen Glauben. Der Zweifel rückt nicht nur
als Gesprächsthema in den Mittelpunkt zahlreicher Szenen,
regiert die Dialoge und verleiht ihnen einen diskursiven, wissenschaftlichen Charakter. Er ist darüber hinaus *Motor des
dramatischen Vorgangs*, läßt Hoffnungen zuschanden werden, Gewißheiten als Verblendungen erscheinen, setzt Um-
schwünge und Peripetien in Gang, ist Urheber der für das
Schauspiel charakteristischen *dramatischen Ironie*. Sie ist das

die Szenenfolge 4–13 aufbauende, ästhetische Prinzip, dem leitmotivisch wiederkehrenden Zweifel an der Durchsetzungskraft der Vernunft entsprungen. Dazu einige Hinweise:

1. Den wortmächtigen Zweifel Sagredos an Galileis Vernunftglauben im Gedächtnis, sieht der Betrachter den Physiker am Florentiner Hof alsbald mit seinem hoffnungsfrohen Demonstrationsbedürfnis am Felsen der eingewurzelten Schulweisheiten auflaufen. Die Macht der biblischen und aristotelischen Autorität, welcher Galileis Florentiner Kollegen ihren intellektuellen Tribut zollen, geht einher mit der prinzipiellen Abwehr neuer Erfahrungen. Das Fernrohr wird als Medium einer präziseren, wirklichkeitsadäquaten Sternenschau arrogant ignoriert (4. Szene). – 2. Galilei, dadurch keineswegs eingeschüchtert, setzt der Pest zum Trotz seine Forschungen fort, bis er hinreichend Beweise für die neuen Hypothesen vorweisen kann und das Collegium Romanum endlich seine umwälzende Astronomie bestätigt (5. und 6. Szene). Indem jedoch die Inquisition die Lehre des Kopernikus auf den Index setzt, entzieht sie auch der wissenschaftlichen Arbeit Galileis ihre Grundlage: Die etablierte Autorität bläst in Gestalt einer gesellschaftlichen Instanz zur Gegenoffensive (7. Szene). – 3. Galilei, allem Anschein nach ungebrochen, hält dem zweifelnden kleinen Mönch seinen naturwissenschaftlich-sozialkritischen Vernunftglauben entgegen, der das ausgebeutete Volk in »Bewegung« bringen soll (8. Szene). De facto sieht er sich jedoch zum Stillhalten gezwungen und übt sich acht Jahre lang im Schweigen (9. Szene). – 4. Die Wahl eines neuen, naturwissenschaftlich beschlagenen Papstes ermutigt Galilei zur offenen Wiederaufnahme seiner astronomischen Forschungen; im Bewußtsein ihrer sozialrevolutionären Konsequenzen entzweit er Ludovico, Repräsentant der ausbeutenden Oberschicht, und seine Tochter. In den folgenden Jahren versetzt seine Lehre das Volk offensichtlich in die längst erhoffte »Bewegung«. Ein Florentiner Handwerker begrüßt in Galilei die Symbolfigur der Gedankenfreiheit und bürgerlich-ökonomischer

Lebenszuversicht (9., 10. und 11. Szene). Doch auf dem Höhepunkt seiner öffentlichen, volkstümlichen Geltung wird Galilei von der Inquisition in Haft genommen; er, der die herrschende Macht berechnen zu können glaubte, hat sich ein weiteres Mal an ihr verrechnet. Und diesmal wird ihm nicht nur das Verschweigen seiner Forschungen abverlangt. Die Kirche als systemerhaltende Macht stellt ihn vor eine radikale Alternative: entweder die systemsprengende Vernunft zu widerrufen oder um den Preis des Todes zu verteidigen. Galilei entscheidet sich für den Widerruf und bereitet damit seinen wissenschaftlichen Freunden und Mitarbeitern eine maßlose Enttäuschung (12. und 13. Szene).

Auf die kleinen Siege der neuen, sozialkritischen Physik folgen immer wieder die Gegenangriffe der alten, systemerhaltenden Meta-Physik. Brecht läßt die Erwartungen und Lebensperspektiven Galileis von Mal zu Mal heftiger in ihr Gegenteil umschlagen. Eben damit rückt er den Betrachter in »epische« Distanz zu seiner Hauptfigur. Die programmatisch-desillusionierenden Szenen-Titel des Erzählers (vgl. etwa 4., 7., 11. und 13. Szene) bereiten diese Distanz vor: die bilderbogenartige Reihung der Szenen fördert sie: Das Leben Galileis und seiner Epoche rollt nicht in dramatisch reißender, den Zuschauer bannender Zeit wie im »aristotelischen« Drama vorüber, sondern als lockere, diskontinuierliche Aufeinanderfolge fragmentarischer Ausschnitte:[23] Ihr sprunghafter Wechsel, durch kontrastive Handlungsschnitte sorgfältig vom Erzähler organisiert und erkennbar gelenkt, kann die reflexive Aufmerksamkeit des Zuschauers ebenso herausfordern wie ihr weltanschaulicher Disputcharakter.[24]

23 Daß dieser diskontinuierlichen Aufeinanderfolge gleichwohl eine sorgfältig kalkulierte Struktur zugrunde liegt, demonstriert einleuchtend die aufschlußreiche Analyse von Rainer Nägele, »Zur Struktur von Brechts *Leben des Galilei*«, in: *Der Deutschunterricht* 23 (1973) H. 1, S. 86–99.

24 Zum letztgenannten Gesichtspunkt vgl. besonders Jendreiek (s. Anm. 11), der eine gestisch-verallgemeinernde »Ebene philosophischer Reflexion« heraushebt (S. 290 ff.). Vgl. auch seine Überprüfung der Vorbehalte Brechts gegen das eigene Stück (S. 287 f.).

Das der *Galilei*-Dramaturgie gern unterstellte Identifika-
tionsangebot[25] läßt sich dieser unkonventionellen Hand-
lungsstruktur schwerlich entnehmen: der wiederholte Um-
schlag des Geschehens und die kalkulierte Entzauberung
des Vernunftideals haben eine »gestische«, die Utopie der
neuen Zeit ernüchternde und kritische Zweifel provozierende Prägung.[26]

Begrenzte Aufklärung

Die Überwältigung aufklärerisch-zweifelnder Haltungen
durch staatliche Gegenaufklärung stellt der meisterliche
Dialektiker Brecht allerdings weniger dialektisch dar, als
zu erwarten wäre. Das wirtschaftlich-technische Element,
das Galileis sozialrevolutionäre Naturwissenschaft und
staatliche Herrschaft insgeheim miteinander verschränkt,
ist auffällig flüchtig berührt. Nur anfangs zeichnet Brecht
dem naturwissenschaftlichen Vernunftideal einige feine
ökonomische Risse ein. Die Universität Padua läßt Galilei

---

25 Vgl. etwa Müller (s. Anm. 5) S. 247 ff. – Wir meinen, daß Brechts »epische« Technik dem Zuschauer von vornherein eine kritische Sicht auf
Galilei ermöglicht, noch ehe die Figur eine selbstkritische Perspektive
gewinnt. Wir haben daher auch Vorbehalte gegen Schumachers (s.
Anm. 19) These, der *Galilei* biete eine »›Einfühlung erlaubter Art‹« dem
Zuschauer an, insofern dieser einen von der Figur vorgespielten »Erkenntnisprozeß« nachvollziehen müsse (S. 251). Das *aristotelische* Moment dieser These reimt sich nicht ganz auf Schumachers nachfolgendes
Argument, am *Galilei* lasse sich Brechts theoretischer Übergang vom
nicht-aristotelischen »epischen zum dialektischen Theater« sinnfällig vor-
wegnehmen (S. 281). Der angeblich allgegenwärtigen Dialektik Brechts
macht Schumacher auch seine im einzelnen treffenden Formbeobachtun-
gen dienstbar (S. 280–296).
26 Anknüpfend an solche Beobachtungen, geht Patricia Anne Simpson zu
einer dekonstruktivistischen, von Paul de Man angeregten Lektüre über,
die im Stück selbst die Aufbrechung der hergebrachten Subjekt-Objekt-
Dialektik (vornehmlich durch die Sprache der ›Ironie‹) am Werk sieht:
P. A. S., »Revolutionary Reading: The circulation of truth in Brecht's
Leben des Galilei«, in: *Brecht-Jahrbuch* 15 (1990) S. 165–184.

wissen, daß die Höhe seines Gehalts nicht von der Qualität der Forschung an sich, sondern von neuen, praktisch verwertbaren Entdeckungen abhängig sei (199). Galilei hat das Verwertungsinteresse des Staates und seiner Bürger bisher keineswegs ignoriert; Erleichterung der menschlichen Arbeit durch Wasserpumpe und Webmaschine, Förderung ökonomischer und militärischer Interessen – der materielle Nutzen der Forschungen Galileis ist nicht zu übersehen. Galilei wertet jedoch seine nützlichen Leistungen ebenso wie seine letzte Errungenschaft – das Fernrohr – bloß als einträglichen »Schnickschnack« (199), der sein Gehalt erhöht. Nur en passant, halb widerwillig, räumt er ein, daß mittels seines himmelwärts gerichteten Fernrohrs die Gestirne zu »einer Art zuverlässiger Uhr«, zu einem Wegweiser für die Navigation« werden könnten. »Neue Sternkarten«, läßt er den Kurator wissen, »könnten da der Schifffahrt Millionen von Skudi ersparen« (207). Die Vorteile scheinen in der Tat außerordentlich, kann man doch, wie der Kurator die Ratsherren wissen läßt, mit Hilfe des Fernrohres »im Kriege die Schiffe des Feinds nach Zahl und Art volle zwei Stunden früher erkennen [. . .] als er die unsern, so daß wir, seine Stärke wissend, uns zur Verfolgung, zum Kampf oder zur Flucht zu entscheiden vermögen« (202). Die Wissenschaft im Dienst des Handels und der Kriegführung – das ist ein zu modernes Thema, als daß man achtlos darüber hinweggleiten möchte. Brecht schlägt an dieser Stelle eine Seite aus der Dialektik der Aufklärung auf. Neuzeitliche Forschung richtet sich nicht auf die Erkenntnis nur der Erkenntnis zuliebe. Sie ist unter anderem interessiert an der analytischen Durchdringung der Natur um ihrer Beherrschung willen, was mindestens zweierlei einschließt: die wachsende Sicherheit des Menschen in seinen naturgegebenen Lebensräumen und die Nutzbarmachung der Natur für ökonomische Interessen (etwa beim Seehandel mittels Fernrohr bzw. Seekarten). Drittens aber kann die Naturwissenschaft unter bestimmten gesellschaftlichen Voraussetzungen politisch-ökonomischen Interessen in Gestalt des Kriegs dienstbar werden, also der Herrschaft von Menschen über ihresgleichen Vorschub leisten. Findet ein Forscher wie Galilei den Staat als seinen obersten Dienstherrn vor, so kann er ihm die materiell verwertbare Dimension seiner Forschungen schlechterdings nicht vorenthalten. Seine Arbeit spaltet sich naturwüchsig in einen erkenntnisfördernden und staatlich manipulierbaren Zweig. Dem wissenschaftlich angeleiteten Fortschritt des Menschengeschlechts, zentrale Utopie der Aufklärung, ist in diesem Fall der Rückschritt dialektisch zugesellt. So drängt sich in das verheißungsvolle Dreigestirn von Naturwissenschaft, kritischer Philosophie und revolutionärer Gesellschaftslehre in den ersten Szenen des Schauspiels ein zerstörerischer Unstern. Seine Sprengkraft jedoch, wesentliches Element in der neuzeitlichen Dialektik der Aufklärung, wird von Galilei sogleich entschärft. Wenn er bei der listigen Erschleichung seines höheren Gehalts nur die naturwissenschaftlich-weltanschauliche Tragweite seiner ›Erfindung‹, nicht jedoch ihre staatlich-militante Kehrseite bedenkt, so läßt das weniger auf eine Reflexionsschwäche der dramatischen Figur als auf die ihres Schöpfers schließen: des Stückeschreibers Brecht. Er ist es, der die Szene so anlegt, daß ein wesentliches Moment der Dialektik moderner Aufklärung zum blinden Motiv gerät – eben die materielle Indienstnahme des wissenschaftlichen Fortschritts zu kriegerischen Staatszwecken. Im weiteren Handlungsverlauf legt Brecht diese Dialektik fast ganz still, um sie erst in der 14. Szene wieder aufzugreifen. Mit diesem ersten Zweifel an Brechts dialektischer Folgerichtigkeit setzen wir den Auftakt zu weiteren kritischen Überlegungen.

Brechts Widersprüche[27]

Der dramatische Vorgang, so sahen wir, verschafft dem
Glauben Galileis an die Durchsetzungskraft der Vernunft
immer wieder Nahrung, um ihn desto kräftiger zu desillu-
sionieren. Der Staat (in Gestalt des großherzoglichen Hofes
von Florenz) und quasi-staatliche Instanzen (in Gestalt der
Kirche) triumphieren über die vernunftgeleiteten Absichten
und Ziele des einzelnen Individuums. Ist der mit dem
Scheiterhaufen der Inquisition konfrontierte und davor zu
Kreuze kriechende Galilei nicht ein schlagendes, einprägsa-
mes Exempel für die Ohnmacht des Subjekts in unfreien,
unvernünftigen gesellschaftlichen Verhältnissen? »Todesfurcht«, erklärt Andrea, »ist menschlich!« (283) Es besteht
kein Anlaß, an dem Satz zu zweifeln. Indem die Inquisition
diese Furcht in Galilei zu erwecken und ihn zum Widerruf

---

27 Mit dem vorhergehenden und den folgenden Kapiteln argumentieren wir
indirekt gegen eine in der Forschung vorherrschende Neigung, den *Galilei*
im Sinne der Autor-Intention und Autor-Ideologie zu rechtfertigen.
Exemplarisch sei die These Schumachers (s. Anm. 19) zitiert: »Die Selbst-
analyse des dramatischen Galilei Brechts erwies sich als paradigmatische
Analyse des Verhältnisses zwischen Wissenschaft und Gesellschaft, das mit
dem Fortschreiten der Epoche immer aktueller wird« (S. 361). Schumachers
Lob des »dialektischen Grundgestus des Stücks, der Verantwortung der
Wissenschaft für ihre Erkenntnis in der Anwendung für oder gegen die
Gesellschaft« (S. 287) scheint uns sprechend genug: Die unklare, gewun-
dene Beziehung zwischen den hochgemuten Substantiven zeigt an, wie
schwierig die Rettung der Brechtschen Dialektik ist. Werner Mittenzwei
nimmt in seinem Buch *Bertolt Brecht. Von der »Maßnahme« zu »Leben
des Galilei«*, Berlin 1962, Schumachers Auffassung vorweg. – Parallelen
dazu finden sich in mannigfachen Varianten. Das ließe sich beispielhaft an
Charbon (s. Anm. 3) zeigen, dessen gediegene Analyse die üblichen Ap-
pelle an das »selbstlose Opfer« (S. 122), das »verantwortlich handelnde Individuum« (S. 130) und die entsprechende Schuldzuweisung (sein »Versagen, S. 126) einschließt. – Auch für die ›Behandlung‹ des *Galilei* im Unter-
richt wird eine ähnlich individualisierende Moral empfohlen. Vgl. Hans
Hafen, »Bertolt Brechts *Leben des Galilei*«, in: *Der Deutschunterricht* 10
(1961) H. 4, S. 71–92 (bes. S. 78, 89). Besonders affirmativ im Sinne der
Autor-Ideologie und ihrer Schuld-Held-Opfer-Gedanken argumentiert
Jendreiek (s. Anm. 11), S. 258–267.

zu bewegen versteht, verleiht sie struktureller Gewalt eine leibhaftige Evidenz. Gegen diese anschauliche Demonstration des Dramatikers Brecht opponiert jedoch der Ideologe Brecht. Er stellt den dramatischen Vorgang auf den Kopf, indem er zu böser Letzt seiner Hauptfigur eine prinzipielle Selbstverklagung aufzwingt, so, als hätte es in Galileis Macht gestanden, den Geschichtsprozeß umzukehren und die staatskluge Gegenaufklärung aus den Angeln zu heben:

> Ich hatte als Wissenschaftler eine einzigartige Möglichkeit. In meiner Zeit erreichte die Astronomie die Marktplätze. Unter diesen ganz besonderen Umständen hätte die Standhaftigkeit eines Mannes große Erschütterungen hervorrufen können. Hätte ich widerstanden, hätten die Naturwissenschaftler etwas wie den hippokratischen Eid der Ärzte entwickeln können, das Gelöbnis, ihr Wissen einzig zum Wohle der Menschheit anzuwenden! Wie es nun steht, ist das Höchste, was man erhoffen kann, ein Geschlecht erfinderischer Zwerge, die für alles gemietet werden können. (284)

Mit »Standhaftigkeit eines Mannes« meint Galilei den Märtyrertod des Individuums für die gute Sache der Gattung, Aufopferung der leibhaftigen Präsenz für eine bessere Zukunft. Die Dialektik ist verteufelt im wahrsten Sinn des Wortes: Wo im Namen der Menschheit und ihres Fortschritts das individuelle Opfer eingefordert wird, hat der lebensverachtende Teufel seine Hand im Spiel. Schon bei Schiller, einem Repräsentanten wahrhaft dialektisch argumentierender Aufklärung, ist der prinzipielle Zweifel aufgeworfen: »Kann aber der Mensch dazu bestimmt sein, über irgendeinem Zwecke sich selbst zu versäumen?«[28] Heine hat sich bekanntlich diesen Zweifel der Schillerschen Geschichtsphilosophie zu eigen gemacht und damit auf dem Lebensrecht und relativen Glücksanspruch des Individuums

---

28 So Schiller im sechsten seiner Briefe *Über die ästhetische Erziehung des Menschen* (1795).

bestanden.[29] Daß jeder Einzelne die Freiheit hat, sich einem abstrakten Ganzen aufzuopfern, wird dadurch nicht in Frage gestellt. Daraus jedoch eine allgemeinverbindliche Ethik zu schmieden, ist ein Kennzeichen doktrinärer Ideologien. Brecht mag das empfunden haben, als er die Schuld Galileis noch eigens zu begründen suchte durch den kuriosen Zusatz: »Ich habe zudem die Überzeugung gewonnen, Sarti, daß ich niemals in wirklicher Gefahr schwebte. Einige Jahre lang war ich ebenso stark wie die Obrigkeit« (284). Angesichts des Schicksals Giordano Brunos, auf das im Drama mehrfach angespielt wird, und angesichts der faktischen Todesfurcht Galileis ist die nachträgliche Erwägung, eine tödliche Gefahr habe nicht bestanden, eine allzu durchsichtige Konstruktion und gezielte Erfindung, um Galileis ›Fehlverhalten‹ zu betonen.

Wie sehr Brechts ideologisch-moralisierender Schlußpunkt dem Geist des dramatischen Vorgangs widerspricht, läßt sich an einer zentralen Sentenz und ihrer Umkehrung zeigen. »Unglücklich das Land, das keine Helden hat!« war von Andrea beim Widerruf seines Lehrers geklagt worden. Gegen diese Idee eines märtyrerfreudigen Individualheroismus hatte Galilei eingewandt: »Nein. Unglücklich das Land, das Helden nötig hat« (274). Damit hatte er, dem Handlungsverlauf entsprechend, das Übergewicht überindividueller Verhältnisse in den Blickpunkt gerückt. Am Ende lenkt das Drama den Blick wieder zurück auf den todbereiten Individualheroismus als eine die Gesellschaft erlösende Kraft. Die 14. Szene suggeriert, daß Galileis Widerruf nicht nur seine Freunde und Mitarbeiter matt gesetzt, sondern auch große Geister wie Descartes zur Resignation verführt, daß er nicht nur in Italien, sondern sogar in anderen nichtkatholischen Ländern einen gravierenden wissenschaftlichen »Rückschlag« verursacht habe (279). Brecht ist sichtlich bemüht, die Fehlleistung des Individuums im Horizont

29 Vgl. Heines Schrift *Verschiedenartige Geschichtsauffassung.*

seiner verheerenden, allgemeinen Folgen aufs äußerste zu
steigern. Man wird gegen dieses Verfahren jedoch einwen-
den dürfen, daß es um die Substanz einer progressiven Bewegung schlecht bestellt sein muß, wenn sie sich schon
durch das Versagen eines Einzelnen in Nichts auflöst. Das
subjektive Versagen bringt dann nur einen allgemeinen Zustand ans Licht – eine personalisierende Schuldzuschreibung ist hier ebenso widersinnig wie ein individuelles Mär-
tyrertum vergeblich wäre: Es könnte dem Geist des Fortschritts solange nicht Bahn brechen, wie die Masse der fort-
schrittlichen Geister einen schwachen Atem hat.

Brecht hat *vor* der 14. Szene eine Perspektive skizziert,
die den Einzelnen vor einer epochalen Schuldzuweisung
hätte schützen können. In der 11. Szene läßt der Eisengießer
Vanni, offenbar ein ebenso freisinniger wie wohlhabender
Handwerker, den Gelehrten wissen: »Hinter Ihnen stehen
die oberitalienischen Städte, Herr Galilei« (264). Der Eisengießer spielt damit auf Galileis doppelte Funktion als Symbolfigur der geistigen *und* bürgerlich-ökonomischen Freiheit an; von letzterer kündet seine Rede über Agrikultur,
Kanäle, Geldmärkte, Gewerbeschulen, Geschäftskreise. In
der 12. Szene blendet Brecht diese Doppelfunktion erneut
ein, um zu erhellen, daß die Kirche auf ihre strikte Trennung zusteuert. Pragmatisch plädiert der Inquisitor dafür,
den oberitalienischen Seestädten die Sternkarten des Herrn
Galilei aufgrund ihrer materiellen Interessen zu überlassen.
Der Einwand des Papstes, daß diese Sternkarten auf Galileis
ketzerische Lehre über die Gestirne beruhten und daß man
das erste nicht ohne das zweite akzeptieren könne, ficht den
Inquisitor nicht im geringsten an. Die Trennung zwischen
kritischer Naturwissenschaft und ihrer materiellen Verwert-
barkeit sei, so befindet er, hic et nunc zu vollziehen (269).
Galilei hat sich diese Trennung ja selbst schon bei der Erfindung des Fernrohrs gefallen lassen müssen, das auf der
einen Seite eine Sternenschau von sozialphilosophischer
Tragweite ermöglicht, auf der anderen Seite gewinnver-

heißendes Machtinstrument des kriegführenden Staats sein kann. Diese Zwieschlächtigkeit einer Erfindung ist unter bestimmten gesellschaftlichen Verhältnissen unaufhebbar. Gesetzt selbst, Galilei hätte nicht widerrufen und theoretisch auf der unlöslichen Verbindung von Gestirnenlehre, ketzerischer Sozialkritik und Sternenkarten beharrt, so hätte er dennoch in praxi nicht verhindern können, daß die Sternenkarten in den Händen des Staats oder auch des Bürgertums zu Instrumenten ihrer materiellen Interessenverfolgung werden. Diese praktische Scheidung des Dreigestirns Naturwissenschaft-Gesellschaftskritik-Ökonomie bekräftigen die Vertreter der Kirche in der 12. Szene. Wenn Brecht daraufhin die 14. Szene so gestaltet, als habe Galilei diese Scheidung durch seinen Widerruf verursacht, dann setzt er eine irreale, maßlose Verantwortung voraus und schließt darin eine entsprechend maßlose Schuldzuschreibung ein. Sein Held, so suggeriert er, hätte als opferwillige Erlöserfigur das gesellschaftliche Heil herbeiführen können und beschreite statt dessen als intellektueller und sozialer Unheilstifter den Weg der Verdammnis. Da ist nicht mehr materialistische Dialektik, sondern säkularisierte Religion und barockes Welttheater im Spiel. Mit der 14. Szene bricht sich Brechts kritisch aufklärende Dramaturgie an einer anachronistischen Helden- und Märtyrerkonzeption.

Kritischer Fassungsvergleich

Brechts bedenkliches Finale war in der ersten Fassung, der sogenannten »dänischen«, zwar schon angelegt, aber weniger anachronistisch durchgebildet; die 13. Szene der »Dänischen Fassung« ist bedeutend komplexer und perspektivenreicher als die entsprechende 14. Szene der »Berliner Fassung«. Sie läßt Galileis moralische Selbstverklagung in eine entlastende Einsicht einmünden. Am Ende sagt Galilei über die von ihm verratene Vernunft:

Aber natürlich, ein einzelner Mann kann sie weder zur Geltung noch in Verruf bringen. Sie ist eine zu große Sache. Die Vernunft ist eine Sache, in welche die Menschen sich teilen. Sie ist nämlich die Selbstsucht der gesamten Menschheit.   (106)[30]

Ist die Vernunft in der Tat eine Angelegenheit aller Menschen und der menschlichen Gattung insgesamt zur Pflege anheimgegeben, so verliert die Verantwortung des Einzelnen ihr erdrückendes Gewicht und entpflichtet ihn von todbereitem Opfermut und idealistischem Heroismus: *Ein* Wider-Ruf bringt die Vernunft noch nicht in Ver-Ruf. Der seine Wissenschaft widerrufende Galilei ist zwar ein Widersacher der Vernunft – aber keiner, der ihr, stellvertretend für die ganze Zunft und nachfolgende Generationen von Wissenschaftlern, das Lebenslicht ausgeblasen hat, keiner, der die einmalige Chance vertan hat, die Forschung durch einen quasi-hippokratischen Eid für immer dem Wohl der Menschheit dienstbar zu machen. Solange die Menschen die Gültigkeit des Erforschten abhängig machen von der *Person* des Forschers und nicht von der Beweiskraft der *Sache* selbst, erschweren sie sich die Wahrheitsfindung. »Sie kämpften dafür«, bescheinigt Andrea seinem früheren Lehrer, »daß die Autorität von Menschen auf Meinungen und von Meinungen auf Fakten übertragen würde« (101). Die 14. Szene der »Berliner Fassung« spart diese Idee der Sachautorität von vornherein aus, um die persönliche Autorität Galileis aufzuwerten, ja hochzuspielen und kategorisch zu verklagen. Indem die Erstfassung Vernunft und Wahrheitsfindung nicht dem Subjekt allein, sondern dem Menschengeschlecht insgesamt überantwortet, wendet sie sich an die Allgemeinheit und schützt so das wissenschaftliche Subjekt vor der moralisch-heroischen Vereinzelung, in die es durch die »Berliner Fassung« gerät. Vorbereitet war diese dritte Fassung durch die zweite, die sogenannte »amerikanische«,

---

30 Die erste Fassung des *Galilei* wird nach GBA 7–115 zitiert.

die Brecht 1945 im Exil fertiggestellt hatte. Sie war durch eine folgenschwere Aktualisierung des Galilei-Stoffes geprägt. In seiner zeitkritischen Vorrede hatte Brecht bemerkt:

> Das »atomarische Zeitalter« machte sein Debüt in Hiroshima in der Mitte unserer Arbeit. Von heute auf morgen las sich die Biographie des Begründers der neuen Physik anders. Der infernalische Effekt der großen Bombe stellte den Konflikt des Galilei mit der Obrigkeit seiner Zeit in ein neues, schärferes Licht.

> Galileis Verbrechen kann als die »Erbsünde« der modernen Naturwissenschaften betrachtet werden. Aus der neuen Astronomie, die eine neue Klasse, das Bürgertum, zutiefst interessierte, da sie den revolutionären Strömungen der Zeit Vorschub leistete, machte er eine scharf begrenzte Spezialwissenschaft [. . .]. Die Atombombe ist sowohl als technisches als auch als soziales Phänomen das klassische Endprodukt seiner wissenschaftlichen Leistung und seines sozialen Versagens.[31]

Man bedenke: die Atombombe – ein Endprodukt der *wissenschaftlichen* Arbeitsweise eines Galilei, ihre Explosion – ein Endprodukt seines *sozialen* Versagens. Welch grandioser Irrtum! Hier rächt sich, daß Brecht die Dialektik, die sich an Galileis Erfindung des Fernrohrs offenbart, nur gestreift und ironisch relativiert hatte, anstatt sie ernst zu nehmen und im dramatischen Vorgang zu entfalten. Am Doppelcharakter des Fernrohrs als Medium naturwissenschaftlich-sozial-revolutionärer Gestirnenlehre einerseits und militärisch-ökonomischem Machtinstrument des Staates andererseits hatte Brecht nur die erste, fortschrittliche Seite interessiert. So konnte die rückschrittlich-negative Seite der Erfindung vergessen und schließlich dem Forscher selbst zur Last gelegt werden. Galilei hat ja den Staat als militärisch-ökonomischen Nutznießer seiner Erfindung bereits vorgefunden und

31 Vgl. das wichtige Materialienbuch: *Brechts Leben des Galilei*, hrsg. von Werner Hecht, Frankfurt a. M. 1981 (suhrkamp taschenbuch, 2001), S. 55.

ihn nicht erst dazu gemacht, wie Brecht schließlich suggeriert. Vom militärisch-ökonomischen Gebrauch des Fernrohrs zum militärisch-ökonomischen Gebrauch der Atombombe ließe sich in der Tat eine Linie ziehen – aber nicht Galilei, sondern der ihm übergeordnete und ihm überlegene
Staat hat diese Linie gezogen bzw. ihm vorgezeichnet. Die
These, Galilei als sozialverantwortlicher Einzelforscher hätte
diese Linie durchkreuzen und durch einen entsprechenden
Offenbarungseid seine naturwissenschaftlichen Erkenntnisse für immer dem gesellschaftlichen Fortschritt dienstbar
machen können, verkennt die Macht des modernen Staates,
die kein Einzelner je zu untergraben vermochte.[32] Der Scheiterhaufen der Inquisition, auf dem ein Giordano Bruno le-
bendigen Leibes verbrannte, hätte seine Flammen auch über
einem Galilei zusammenschlagen lassen, ohne daß daraus
das Feuer der sozialen Revolution entstanden wäre.

Die Hiroshima-Tragödie wurde nicht nur von Brecht als
ein Trauma erlebt und mit moralischen Imperativen beantwortet.[33] Als der US-Staat die Atombombe zündete, Natur

---

[32] Zu den ähnlichen Urteil gelangt Klaus Völkers »Kommentar« zum *Ga-
lilei* (dessen Erscheinen in die Drucklegung der ersten Fassung meines
Aufsatzes fiel). Vgl. Klaus Völker, *Brecht-Kommentar zum dramatischen
Werk*, unter Mitarb. von Hans-Jürgen Pullem, München 1983, S. 190 f.

[33] Charbon (s. Anm. 3) meint, daß Brecht die neue »Moral« seines Dramas bereits im Frühjahr 1944, also noch vor der Atombombenexplosion, »festgelegt« habe, weil für Brecht das Erlebnis des »totalen Kriegs« bereits ein
schlagendes Zeugnis für die Folgen ungehemmten Forschens gewesen sei
(S. 140 f.). – Mit der opinio communis neigen wir eher zu einer Festle-
gung im Zusammenhang mit dem Hiroshima-Ereignis, ohne Charbon widerlegen zu wollen. Man könnte darüber hinaus sagen, daß für Brecht schon
im Laufe des Jahres 1939 (nach dem Abschluß der ersten Fassung des *Galilei*)
die möglichen Folgen der Kernspaltung zu einem bedrängenden epochalen Problem wurden. Das Hiroshima-Ereignis war die traumatische Konkre-
tisierung dieses Problems und bündelte zugleich wie in einem Brennpunkt
die extremen Bedrohungen der Menschheit durch den naturwissenschaftlich fundierten modernen Krieg. Eine Aktualisierung dieses Traumas
erlebte Brecht in den fünfziger Jahren anhand der Entwicklung der Wasser-
stoffbombe und des »Falls Oppenheimer«, der im Zusammenhang damit vor
der amerikanischen Atomenergiekommission inszeniert wurde. Brecht sah
darin eine Parallele zum »Fall Galilei« – ein Grund mehr für ihn, eine dritte
Galilei-Fassung herzustellen. Vgl. dazu Schumacher (s. Anm. 19) S. 234–239.

und Menschenleben in ungeahntem Ausmaß zerstörend, verließen zahlreiche Atomphysiker unter Protest ihre Laboratorien, um als aufklärende Lehrer und Staatsbürger zu wirken. Nach einiger Zeit kehrten viele der Einzelkämpfer enttäuscht in die Laboratorien zurück, in welchen sich inzwischen der wissenschaftliche, wohlangepaßte Nachwuchs ausgebreitet hatte. Mit anderen Worten: der Forscher und der Gesellschaftskritiker, der staatliche Wissenslieferant und der Systemveränderer wirken in verschiedenen Sphären. Der Wissenschaftler kann allenfalls außerhalb seines Laboratoriums eine politische Bewegung für die bestmögliche Anwendung der neuen Entdeckung gründen oder unterstützen und mit Argumenten versehen – auf die Gefahr hin, seinen Arbeitsplatz zu verlieren. Ob er bei diesem riskanten Unternehmen Erfolg hat, ist einzig und allein eine Frage der politischen Kräfteverhältnisse in seinem Lande.[34] Solche objektiven Gegebenheiten verkennen Brecht-Galilei, wenn sie die Verantwortung für den Mißbrauch einer Entdeckung einzelnen Wissenschaftlern, »eingeschüchtert durch selbstsüchtige Machthaber«, aufladen. Die moralische Blickrichtung auf die Zivilcourage des Wissenschaftlers in der 14. Szene personalisiert das Problem. Weil Brecht die fundamentale Spaltung des modernen Wissenschaftlers in einen staatsabhängigen Berufsmenschen und einen politisch unabhängigen Citoyen übergeht, kann er ihn zu einem öffentlichen Entscheidungsträger stilisieren, dem es anheimgestellt sei, als Märtyrer-Held oder als Berufsverräter gesellschaftspolitische Weichen zu stellen.

Auch Galileis nachträgliche Überzeugung, es hätte eigentlich einer individuellen Opfermoral gar nicht bedurft, da er, Galilei, »einige Jahre [...] lang ebenso stark wie die Obrigkeit« gewesen sei (284), bleibt schal. Sie macht den

---

34 Man erinnere sich etwa an die desillusionierenden Erfahrungen amerikanischer Atomwissenschaftler in den späten vierziger und frühen fünfziger Jahren. Vgl. Schumacher (s. Anm. 19) S. 231–234.

Geschichtsverlauf zu allem Überfluß auch noch von einer zufälligen Fehleinschätzung der persönlichen Situation abhängig.

Intention des Autors – Unbotmäßigkeit des Theatralischen

Das dem Theater überantwortete Drama kann Dimensionen eröffnen, die der reinen Lektüre verborgen bleiben. Die theatralische Versinnlichung mittels Körper- und Bildersprache gewinnt dem Schau-Spiel Bedeutungen ab, die der bloß begrifflichen Deutung unzugänglich sind. Nur die blind wuchernde Arbeitsteilung, die längst auch in der Literaturwissenschaft ihr Wesen treibt, hindert uns daran, ein Drama stets auch im Hinblick auf sein erklärtes Ziel zu betrachten: seine öffentliche Zurschaustellung durch das Theater. Der Stückeschreiber Brecht hat dieses Ziel mit der Leidenschaft eines Dramaturgen und Regisseurs verfolgt.[35] Seine Selbstaussagen zum *Galilei* und seine praktische Theaterarbeit mit den Schauspielern Laughton und Busch, seine eingreifende Mitwirkung an den Vorbereitungen zur Berliner Aufführung (1957) bezeugen den unlöslichen Zusammenhang von Schrift- und Bühnendrama, Schreiben und Spiel, Wort und Theatralik. Ob Brecht dabei dem Geist seines Textes insgesamt gerecht wurde, steht in Frage. Seine Intention bei der Inszenierung des *Galilei* hat er wie folgt formuliert:

> In der ersten Fassung des Stücks war die letzte Szene anders. Galilei hatte in großer Heimlichkeit die »Discorsi« geschrieben. Er veranlaßt anläßlich eines Besuchs seinen Lieblingsschüler Andrea, das Buch über die Grenze ins Ausland zu schmuggeln. Sein Widerruf hatte ihm die Möglichkeit verschafft, ein entscheidendes Werk zu schaffen. Er war weise gewesen.

35 Vgl. dazu Hinck (s. Anm. 14).

In der kalifornischen Fassung [...] bricht Galilei die
Lobeshymne seines Schülers ab und beweist ihm, daß
der Widerruf ein Verbrechen war und durch das Werk,
so wichtig es sein mochte, nicht aufgewogen.
Wenn es jemanden interessieren sollte: Dies ist auch
das Urteil des Stückschreibers.[36]

Die List der Vernunft, die Galilei in der »Dänischen Fassung« erprobt hat, soll in der »Amerikanischen« bzw. »Berliner Fassung« ins Verbrechertum umschlagen. Dies auf der
Bühne vor Augen zu führen, wird zu Brechts idée fixe.[37] Er
ist geradezu besessen von dem Wunsch, daß in der theatralischen Darstellung Galileis jede Spur von Menschlichkeit getilgt werde:

> Seine Verkommenheit zeigt sich in seiner sozialen Hal
> tung; er erkauft sich seinen Komfort (selbst seine wis
> senschaftliche Betätigung ist nun zu einem Komfort
> herabgesunken) mit Handlangerdiensten, so seinen In
> tellekt schamlos prostituierend.[38]

Gewiß, Galilei übt, nachdem er einmal seine Wissenschaft
öffentlich verraten hat, weiterhin Verrat, auch an den Menschen selbst und den unterprivilegierten Schichten im besonderen. Nichts zeigt seine geistig-ethische Verelendung
eindringlicher als der »unterwürfige Brief an den Erzbischof«, den er, mit Brecht zu sprechen, unterweist, »wie die
Bibel zur Niederhaltung hungernder Handwerker benutzt
werden kann«.[39] Aber rechtfertigt dies Brechts zusammenfassendes Urteil: »Er haßt die Menschheit fanatisch.«?[40] Der

---

36 Hecht (s. Anm. 31) S. 72.
37 Das läßt sich auch der Dokumentation von Käthe Rülicke entnehmen
   (die, wie üblich, mit Brecht übereinstimmt): K. R., »Leben des Galilei. Bemerkungen zur Schlußszene«, in: *Sinn und Form* 9 (1957), 2. Sonder-H.
   Bertolt Brecht, S. 269–321.
38 Hecht (s. Anm. 31) S. 71.
39 Ebd., S. 104.
40 Ebd., S. 69.

Text selbst läßt hinreichend Spielraum für Relativierungen. Er gestattet es beispielsweise nicht, Galileis heimliche Niederschrift der *Discorsi* eindeutig und kategorisch als ein Zeugnis sozialer »Verkommenheit« abzutun. Mit den *Discorsi* steht und fällt, wie Andrea behauptet, die Begründung einer »neuen Physik«: »Amsterdam und London und Prag hungern danach!« (280) Diese Physik will durch Naturbeherrschung das Leben der Menschen von irdischer Drangsal und damit von überirdischen Ersatzphantasien befreien: Sie versteht sich als »Mutter der Maschinen, die allein die Erde so bewohnbar machen werden, daß der Himmel abgetragen werden kann« (282). Eine sozialfeindliche und eine sozialkritische Komponente durchkreuzen Galileis letzte Lebensjahre. Für seine Sozialethik spricht sein Wort, »daß ich die letzten kümmerlichen Reste meiner Bequemlichkeit aufs Spiel gesetzt habe, eine Abschrift zu machen, hinter meinem Rücken sozusagen, aufbrauchend die letzte Unze Licht der helleren Nächte von sechs Monaten« (280). Wäre Galilei wirklich so komfortversessen, wie Brecht argwöhnt, er würde wohl kaum seine – minimale – Bequemlichkeit und sein Augenlicht freiwillig für die Verbreitung der *Discorsi* riskieren, kaum sich der ständigen Gefahr des Ertapptwerdens durch die eigene Tochter und die Inquisition aussetzen.

Gegen Brechts Vorwurf der »Verkommenheit« hat das Theater selbst Einspruch erhoben. Just die Berliner Aufführung, deren Proben Brecht bis zu seinem Tode maßgeblich mitgestaltete, hielt nicht, was sich Brecht von ihr versprach – oder besser: hielt mehr, als man sich nach der Intention des Autors versprechen durfte. Es war vor allem Ernst Busch, der die Rolle des Galilei entgegen den Vorstellungen des Stückeschreibers spielte. Schon zu Lebzeiten Brechts hatte er diesen mit einer weniger negativen Auffassung der Galilei-Figur konfrontiert, die er bis zur Premiere dann auch endgültig durchsetzte:[41]

41 Siehe dazu: Schumacher (s. Anm. 19) S. 300 f.

Was sehe ich nun aber während dieser geistigen Auseinandersetzungen überdies auf der Bühne? Einen Mann, der am Fernrohr seine Sehkraft geschwächt hat und nun beim Arbeiten im Mondlicht – weil er illegal eine Abschrift seines für die Menschheit nützlichen Werks herstellt – fast erblindet ist. Das wird nicht gesprochen, sondern gezeigt. [. . .] Und diesen Mann soll ich hassen? Verurteilen? Mögen mich noch so viele Kommentare dazu auffordern – ich kann es nicht! Während des Sehens, während der Vorstellung nicht! Das Lesen ist eine andere Sache.[42]

Das Urteil verrät etwas von der dem Theater eigentümlichen, körperlichen Überzeugungskraft: Die non-verbale Sprache des Gestischen kann ihren eigenen Sinn entwickeln. Wenn Busch den Galilei der 14. Szene im Geist einer rettenden Kritik spielte, so entschärfte er zu Recht die gnadenlose »Selbstverdammung«, auf die es der Autor abgesehen hatte. Denn bis zur 14. Szene ist es nicht Galilei, der den Sündenfall der neuzeitlichen Wissenschaft zu verantworten hat, sondern, der Handlungsdynamik entsprechend, der Staat bzw. das gesellschaftliche Kräfteverhältnis. Noch die geistig-ethische Verelendung, in die Galilei durch seinen »Sündenfall« stürzt, ist ohne die staatlich-gesellschaftliche Urheberschaft nicht denkbar. Insofern wurde Buschs Spiel dem Sinn der ersten dreizehn Szenen gerecht, den Brecht am Schluß unvermittelt umdrehte. Andererseits bezeugt sich das dramatische Ingenium des Autors gerade darin, daß sein Schauspiel eine Theatralik entbinden kann, die seine erklärten Intentionen und weltanschaulichen Sentenzen sprengt.[43]

42 So das Urteil eines Kritikers. Zit. nach: ebd. (s. Anm. 19) S. 305.
43 Mögen auch zahlreiche namhafte Wissenschaftler in den fünfziger und sechziger Jahren Brechts »hippokratischen Eid« geschworen haben, wie Schumacher (s. Anm. 19) zeigt (vgl. S. 309 ff.): die – schon vor Galilei bestehende – Trennung zwischen wissenschaftlich-humanistischer Ethik und staatlicher Politik ließ sich dadurch nicht aufheben. So wünschenswert die Sozialethik von Wissenschaftlern ist, wer sie (wie Brecht) zur Wurzel des Weltübels oder (unter Berufung auf Brecht) zum modernen Heilkraut erklärt, vermag der angemessen aufzuklären? Entsprechende verbreitete Thesen – z. B. bei Jendreiek (s. Anm. 11, vgl. S. 283) – sind mit diesem Fragezeichen zu versehen.

Fragen eines lesenden Bürgers

Man sollte – das scheint unser letztes Beispiel nahezulegen
– entschiedener als üblich den Blick über die Autor-Optik
und die handfesten Botschaften eines Werks, über die
Hauptfiguren und ihre Aktionen hinaus richten. Manchmal
verraten Nebenfiguren, Seitenstränge der Handlung, unscheinbare Winkel der Schauplätze mehr oder anderes als
die Leitmotive und Hauptthemen des Textes.[44] Wir wollen
den Zweifel, den Brechts Schauspiel allerorten sät, auch wis-
senschaftsmethodisch produktiv machen und auf seine un-
scheinbaren, unbegangenen Seitenfelder einen Blick werfen.
Möglicherweise sind gerade die blinden Stellen eines Werks
seine erhellendsten.

Frauenbilder. Virginia, Galileis Tochter, und Frau Sarti,
seine Haushälterin, haben eins gemeinsam: konservative
Unbelehrbarkeit. Der ihnen anerzogene Glaube macht ihren geistigen Sinn taub gegen Galileis neue Wissenschaft. Im
Hinblick auf ihren Bildungsgang gehören sie zum Volk, von
dem jedoch die 9. Szene erzählt, es öffne sich zusehends der
Lehre des großen Physikers. Das ist eine im Stück selbst
nicht reflektierte Ungereimtheit. Sie läßt sich auch nicht
ohne weiteres harmonisieren mit dem Vertrauen Brechts in
sein Lehrtheater: Dies setzt Belehrbarkeit und Lust am Lernen voraus. Eben das stellt Galilei hinsichtlich seiner Tochter kategorisch in Abrede (vgl. 208, 212). Er muß sie vor der
Ehe mit einem aristokratischen Bauernschinder bewahren
und bindet sie zuletzt als alternde Jungfer an seinen Haushalt: Darin agiert sie als fürsorgliche Spionin im Dienste der

---

44 Eines der wenigen originellen Beispiele für diese methodische Perspektive
stellt der Aufsatz von Darko Suvin dar, »Brecht's Parable of heavenly food:
Life of Galileo«, in: *Brecht-Jahrbuch* 15 (s. Anm. 26), S. 187–212. – Suvin
geht von der Frage aus, wer oder was in der 14. Szene Galilei die Gänse zu-
schickt, und verbindet auf diese Weise das beiläufig scheinende metaphori-
sche Motiv des Essens mit dem zentralen des Sehens, teilweise mit anre-
genden Schlußfolgerungen.

Inquisition, sich aufbrauchend für das ›Seelenheil‹ ihres Vaters. Welch ein borniertes, von Brecht an keiner einzigen Stelle aufgehelltes, in Schutz genommenes Leben! Ist die vom Wissenschaftsbetrieb und vom Staat gleicherweise ausgenutzte Virginia nicht eine bewußtlose Zeugin jener Opferideologie, der sich Galilei zum Verdrusse Brechts verweigerte? Von konträren Interessenten als Mittel zum Zweck eingesetzt, verwelkt, noch ehe sie aufblühen konnte, ist die Gestalt der Virginia eine Anklage gegen den subjektfeindlichen Prozeß der Geschichte – und gegen den Dramatiker, der ihr darin ungerührt nur eine sachliche Funktion zuerkennen wollte.[45] Es gehört zu den unlösbaren Widersprüchen des Brechtschen Schauspiels, daß es im Medium der neuen Sternenschau Galileis jedes Individuum zum autonomen Gestirn, zum Selbstzweck, erhebt, im dramatischen Gefüge es jedoch einem Demonstrationszweck unterordnet, der die Perspektive einer Selbstbestimmung nach und nach verblassen läßt.

Daß der Bruch zwischen dem alten und neuen Bewußtsein gewissermaßen durch die Familie geht, zeigt auch Frau Sarti. Dem alten Glauben, ja dem Aberglauben treu, führt sie dennoch dem Bahnbrecher einer neuen Zeit den Haushalt. Selbst während der Pest harrt sie an seiner Seite aus, verweigert sich der rettenden Flucht: »Aber wer soll Ihnen Ihr Essen hinstellen?« (226) Die neue, sozialrevolutionäre Wissenschaft gedeiht nicht ohne die materielle Fürsorge einer unbelehrbaren Konservativen. Das ist hintersinniger, als dialektische Schulweisheit sich träumen läßt! Besteht da nicht Solidarität jenseits ideologischer Positionen und quer durch unversöhnliche Weltanschauungen? Brecht wollte mit seinem Lehrtheater »praktikable Weltbilder«[46] liefern, die den herrschenden Gedanken unversöhnlich entgegengesetzt sind. Läßt er nicht hinter dieser Opposition unabsichtlich

---

45 Schumachers (s. Anm. 19) pointierte Charakteristik der Virginia wirkt bestechend, bekräftigt jedoch nur Brechts Negativbild (S. 290).
46 Vgl. Brechts Schrift *Über experimentelles Theater* (s. Anm. 9) S. 114.

einen Raum ideologieferner Verbundenheit entstehen, wie
etwa Anna Seghers in ihrem *Siebten Kreuz*? Unvergeßlich
der letzte Satz, den Frau Sarti in diesem Stück an Galilei
richtet: »Wenn ich meine ewige Seligkeit einbüße, weil ich
zu einem Ketzer halte, das ist meine Sache« (256). Wieviel
zartsinnige Humanität inmitten religiöser Befangenheit!
Brecht mag das für unbedeutend angesehen haben, denn er
bricht die zu Frau Sarti führende Handlungslinie an dieser
Stelle ab, ohne sie wiederaufzunehmen. Es scheint, als habe
diese Nebenfigur seiner Absicht nach nur eine Funktion für
die um Galilei konzentrierte Haupthandlung. Und doch ist
ihr Verhalten mehr als bloß funktional, ist es dem Gehalt
nach mehr als nur Mittel zum großen Zweck, hat es eine
anti-ideologische Eigenart, die unabsichtlich-unvermittelt
aus dem Handlungsgefüge herausragt.

Affektarmut. Galilei, den das Berufsinteresse des modernen Wissenschaftlers an der Durchsetzungskraft seiner Forschungen leitet, repräsentiert das als »kopernikanische
Wende« beschriebene neuzeitliche »Selbstbewußtsein der
menschlichen Vernunft«.[47] Damit wird er zur Symbolfigur
einer umwälzenden Geisteshaltung, die Goethe als eine
»bisher unbekannte, ja ungeahnte Denkfreiheit und Groß-
heit der Gesinnungen«[48] bezeichnet hat.

Freilich – die »kopernikanische Wende« hatte auch ungeahnte Erschütterungen des Seelenlebens zur Folge. Von einer (heilsamen) »kosmologischen Kränkung« der »menschlichen Eigenliebe« hat Freud gesprochen, als er die aus dem
Mittelpunkt des Weltalls rollende Erde und die neue, peri-
phere Stellung des Menschen bewertete, von einer »Selbst-
verkleinerung des Menschen« Nietzsche.[49] In beiden For-

---

47 Vgl. Hans Blumenberg, *Die kopernikanische Wende*, Frankfurt a. M. 1965,
S. 159 f. und 162. – Politisch-sozial – Gleichheit statt Hierarchie – wird
diese »Wende« beispielsweise von Fontenelles *Entretiens sur la Pluralité
des Mondes* (1686) nachvollzogen.
48 Zit. nach: Blumenberg (s. Anm. 47) S. 122.
49 Ebd., S. 159 und 122.

mulierungen hallt die Weltangst wider, welche die umwälzenden Erfindungen der Neuzeit hervorzurufen pflegen.
Das Grauen angesichts der verheerenden Kraft der Atombombe war in den vierziger und fünfziger Jahren Ausdruck
einer affektiven Überwältigung der mitleidenden Subjekti-
vität; es hatte bei Brecht wie bei vielen anderen jene traumatischen Züge angenommen, welche die objektivierende Zer-
gliederung des welthistorischen Ereignisses behinderten
und personalisierende Schuldzuweisungen förderten – zu
Lasten der Wissenschaftler bzw. einzelner Forscher vom
Schlage Galileis. Um so auffälliger ist, daß Brecht das traumatische und bewußtseinslenkende Grauen im historischen
Medium nur flüchtig widerspiegelt, mit unverkennbarer
Abwehrgebärde, so, als wolle er die Affekte tunlichst vom
Prozeß des Erkennens absondern. Grauen angesichts der
Umschichtung des Weltalls empfinden bei ihm allenfalls
die rückständigen italienischen Bauern, ähnlich wie auch
der weibliche Schrecken gegenüber Galileis Entdeckungen
schlicht als Zeichen von Unverstand bzw. von renitentem
Alltagsbewußtsein erscheint. Da auch die Bestürzung der
Kirchenväter angesichts der »kopernikanischen Wende« nur
einem Machtmotiv entspringt, erledigt sich das Grauen, womit die Menschen wieder und wieder auf den neuzeitlichen
Geschichtsverlauf reagieren, gleichsam von selbst – gewiß
nicht zum Vorteil des so erkenntniswilligen ›epischen Theaters‹. Ein Johannes Kepler hatte nicht zufällig bekannt, daß
ihm »schon der bloße Gedanke einen dunklen Schauder be-
reite, sich in diesem dunklen All umherirrend zu finden,
dem die Grenzen und daher auch die Mitte und die örtliche
Bestimmtheit abgestritten würden«.[50] Wenn der Schauder,
mit Goethe zu sprechen, »der Menschheit bester Teil« ist,
dann verdiente er die intensivste Aufmerksamkeit; daß er
im Umkreis Galileis, des Begründers der modernen Physik,
nur als fernes und irreführendes Echo vernehmbar wird,

---

50 Ebd., S. 150.

vermindert die Chance, den jüngsten Schauder, den die
Physik zeitigte, angemessen zu begreifen, vor allem auch in
seiner traumatischen Gewalt. Ohne die Sprache der Affekte,
die mehr sein kann als die spezifische Sprache einer spezifischen gesellschaftlichen Klasse, bleibt der vom Theater an-
geregte Erkenntnisprozeß des Zuschauers einschichtig.

Naturwissenschaftlicher Bildersturm. Der Schauder, den
die neue Astronomie auslöste, entstammte nicht nur der
Auflösung einer metaphysischen Seinsgewißheit, deren lo-
kale Metapher die menschliche Erde als ruhendes Zentrum
des göttlichen Kosmos war. Gleichzeitig mit der Vertrei-
bung des Menschen aus dem unverrückbaren, von Him-
melssphären umgrenzten Weltmittelpunkt wurde ihm der
radikalste Zweifel an seiner sinnlichen Gewißheit, seinem
Sehvermögen, zugemutet. Es sind abermals die Gegner Galileis, die den unerhörten Vorgang zur Sprache bringen. Der
spätere Papst Barberini äußert sich zu einem Kardinal:
»Was man sieht, Bellarmin, nämlich daß der Gestirnhimmel
sich dreht, braucht nicht zu stimmen [...]. Aber was
stimmt, nämlich daß die Erde sich dreht, kann man nicht
wahrnehmen!« (236).
   Die sinnliche Wahrnehmung wird am naturwissenschaftlichen Gesetz zuschanden, das seinerseits nie sinnlich wahr-
nehmbar, anschaulich werden kann: Es ist nur als abstrakte,
physikalisch-mathematische Formel greifbar. Mit der neuen
Astronomie geht ein fundamentaler Bruch durch die Auf-
fassungskraft des Menschen – sie spaltet sich unversöhnlich
in Sinneswahrnehmung und wissenschaftliches Bewußtsein,
in gegenständliche Anschauung und theoretisches Wissen.
Brechts Drama spielt diesen fundamentalen, die Neuzeit
mitbegründenden Bruch herunter, indem es ihn vornehmlich zu einem Problem der Herrschenden macht, einem satirisch zugespitzten Problem obendrein. Die Schöpfung, be-
schwert sich der Inquisitor, werde durch die neuere Ster-
nenkunde plötzlich »unvorstellbar weit ausgedehnt« und

»unsere arme Erde« sei von den Fixsternen durch »so ungeheure Strecken« getrennt, daß »selbst ein Papst [. . .] vom Allmächtigen da aus den Augen verloren werden« könnte (241 f.). Die Unanschaulichkeit, Unvorstellbarkeit, Unsichtbarkeit der neuen, wissenschaftlich erforschten Welt werden Brecht ebenso zur quantité négligeable wie die Qualität der alten, unerforschten Welt: ihre Bildhaftigkeit, ästhetische Form, bedeutungsvolle Gestalt. Aus dem Munde eines Gegners der Galileischen Astronomie erfahren wir:

> Das Weltbild des göttlichen Aristoteles mit seinen mystisch musizierenden Sphären und kristallenen Gewölben und den Kreisläufen seiner Himmelskörper und dem Schiefenwinkel der Sonnenbahn und den Geheimnissen der Satellitentafeln und dem Sternenreichtum des Katalogs der südlichen Halbkugel und der erleuchteten Konstruktion des celestialen Globus ist ein Gebäude von solcher Ordnung und Schönheit, daß wir wohl zögern sollten, diese Harmonie zu stören.   (220)

Daß der Text-Intention zufolge hier ein konservativer Gelehrter die überlieferte Autorität und damit die bestehende Herrschaft ästhetisiert, ist evident. Interessanter dürfte sein, was der Text unabsichtlich verrät: das Bedürfnis nach einem *ästhetischen* Weltbild, plastisch-anschaulich vermöge einer eigenen Ordnung und eigenen Kompositionsprinzipien, und doch auch inkommensurabel, also der vollständigen Aufklärung nicht zugänglich mit seinen Geheimnissen: schöne, sinnreiche und rational nie ausschöpfbare Gestalt. Es handelt sich in des Wortes ursprünglicher Bedeutung um ein Welt-*Bild*, das der unmittelbaren Anschauung des Sternenhimmels gar nicht so ferne steht. Der auf der vermeintlich ruhenden Erde in die Betrachtung des himmlischen Schein-Gewölbes versunkene Betrachter dürfte, befangen in seinen Täuschungen, einem Kunstgebilde näher sein als der wissenschaftlichen Lehre von der unanschaulichen Unermeßlichkeit eines durch unsinnliche Bewegungsgesetze strukturierten Weltalls. Kann von dieser Lehre überhaupt eine Brücke zur Kunst führen, die ihrem ästhetischen Gesetz entsprechend auf das Bild und die sinnliche Gestalt angewiesen ist – und zwar um so entschiedener, je fester die Naturwissenschaften im menschlichen Leben Wurzeln schlagen? Schiller hat der Fremdheit zwischen Naturwissenschaft und Natur-Gestalt (bzw. Kunst-Gestalt) in den »Göttern Griechenlands« Ausdruck verliehen (wobei freilich sein Versrhythmus in eine fast ebenso mechanische Bewegung geriet wie die wissenschaftlich entblößte Natur):

> Gleich dem toten Schlag der Pendeluhr,
> Dient sie knechtisch dem Gesetz der Schwere,
> Die entgötterte Natur!
> Morgen wieder neu sich zu entbinden,
> Wühlt sie heute sich ihr eignes Grab,
> Und an ewig gleicher Spindel winden
> Sich von selbst die Monde auf und ab.
> Müßig kehrten zu dem Dichterlande
> Heim die Götter, unnütz einer Welt,
> Die, entwachsen ihrem Gängelbande,
> Sich durch eignes Schweben hält.

Schillers Elegie führt gewissermaßen die Kritik des konservativen Gelehrten im *Galilei* fort: eine wissenschaftlich erforschte, der Mechanik unterworfene Natur tritt ihre ursprünglichen Leitbilder, die faßlichen Gestalten der Götter, an die Dichtung ab. Dieser ist zur Rettung anheimgegeben, was die wissenschaftliche Erforschung und Nutzung der Natur mehr und mehr in Regie nimmt: das »Unnütze«, mit Schiller zu sprechen, das im Schönen, etwa in Götter-Gestalten, geborgen ist. »Mit Kopernikus«, so wurde gesagt, »begann der Mensch, die ganze Natur als den Bereich seiner theoretischen Herrschaft sich zuzuschreiben und darin seiner praktischen Naturbemächtigung das Fundament zu schaffen.«[51] Mit Galilei wurde dieser Prozeß beschleunigt

51 Ebd., S. 11.

und unmittelbar ökonomisch virulent, wie Brechts Schauspiel an mehreren Stellen andeutet. Die wissenschaftliche »Bemächtigung« und praktische Ausbeutung der Natur fügen sich zu menschlichen Tätigkeiten, die das gesellschaftliche Subjekt zusehends auf eine zweckrationale Lebensführung festlegen. Dagegen erhebt die Kunst Einspruch, indem sie die Naturphänomene selber nicht zu abstrakten, naturwissenschaftlich-technischen Größen erniedrigt, sondern sie als unnütze, gegen die allgegenwärtige Zweckrationalität aufbegehrende Bilder rettet:

> Geh unter, schöne Sonne, sie achteten
> Nur wenig dein, sie kannten dich, Heilige, nicht,
> Denn mühelos und stille bist du
> Über den Mühsamen aufgegangen.[52]

Damit gegen die Mühseligkeit der naturbeherrschenden Arbeit die mühelose Schönheit arbeitsfreien Fühlens und Liebens in Erinnerung bleibe, beschwört Hölderlin das Bild des zweckfreien Sonnenlaufs, unbekümmert um die naturwissenschaftliche Wahrheit. In der Anschauung der Natur sind unmittelbare und ästhetische Sinnlichkeit zuweilen noch miteinander verschworen gegen den wissenschaftlich-technischen Naturbegriff. Ihm huldigt der Dramatiker Brecht, wenn er den P-Typus des Schauspiels, sprich: den Typus des Planetariums, zum zeitgemäßen erhebt. Ähnlich wie der Forscher von der gesetzmäßig strukturierten Natur-Ordnung der Gestirne soll das Theater von den Gesetzen der Gesellschaftsordnung unterrichten.[53] Der Fall Galilei hat Brecht nicht zufällig fasziniert: Die planetarische Entdeckungsreise wurde ihm zum Modell seiner theatralisch-gesellschaftlichen Expedition. Um über die Unnatur der Gesellschaft aufzuklären, nahm Brecht die gesetzmäßig wirkende, wissenschaftlich-technisch eroberte Natur in Dienst,

---

52 So lautet die erste Strophe eines der Diotima-Gedichte Hölderlins.
53 Vgl. Brechts Essay »K-Typus und P-Typus«, in: *Über experimentelles Theater* (s. Anm. 9).

die doch ihrerseits jener gesellschaftlichen Unnatur dienstbar sein muß. Gegen diesen Widerspruch ist Brechts zeitgemäße Verwissenschaftlichung des Theaters nicht gefeit. Dem bilderlosen Naturgesetz wissenschaftlich verbunden, überspielt sein Drama die essentielle Erschütterung, die sich der Menschen bemächtigen kann, wenn ihr Welt-*Bild* aus den Fugen gerät und ihr Bild-Sinn, also auch ihr ästhetischer Sinn, vom wissenschaftlichen Bewußtsein mehr und mehr zurückgedrängt, abgewiesen wird. Dem Natur- und Kunstschönen blieb im *Galilei* nur ein konservativ-zweideutiger Fürsprecher in Gestalt eines anti-wissenschaftlichen Gelehrten.

Sinnlichkeit. Offenbar wußte Brecht, daß die zerfallende Ästhetik des alten Weltbilds ein Gegengewicht brauche und daß die ohnehin dominierende Bewußtseinssprache seiner Personen, denen der Schauder und das Grauen weitgehend fremd bleiben, einer sinnlich-anschaulichen Sättigung bedürfe. Galilei selbst ist als Figur ästhetischen und leiblichen Sinnenreichtums entworfen:[54]

Bei mir ist er ein kräftiger Physiker mit Embonpoint, Sokratesgesicht, ein lärmender, vollsaftiger Mann mit Humor, der neue Physikertyp, irdisch, ein großer Lehrer. [...] als überzeugter Materialist besteht er auf physischen Freuden. [...] wichtig ist, daß er auf sinnliche Weise *arbeitet*. Es bereitet ihm Genuß, seine Instrumente mit Genuß zu handhaben. Ein großer Teil seiner Sinnlichkeit ist geistiger Natur. Da gibt es das »schöne Experiment«, die kleine theatralische Darbietung, zu der er jede Lektion gestaltet [...].[55]

Ausgerechnet den kleinen Andrea unterrichtet Galilei über seine revolutionierenden und revolutionären Ge-

---

54 Vgl. die treffenden Bemerkungen von Henning Rischbieter, *Bertolt Brecht*, Bd. 2, Velber 1966, S. 12–14.
55 Hecht (s. Anm. 31) S. 61.

danken. Hier zeigt sich eine ganz neue – der kapitalistischen Entmenschlichung der »Ware Arbeitskraft« ent-
gegengesetzte – Verhaltensweise: die Lust am Produ-
zieren und das Vermitteln von Wissen an jeden, der
wissen will.[56]

In der Tat ist die Eingangsszene des Schauspiels mit ihrer
quellfrischen Pädagogik eine der eindringlichsten; Galileis
Demonstrationslust, zweckfrei und doch rational, der Logik und Anschaulichkeit gleichermaßen zugetan, von höch-
stem Gebrauchswert und bar jeglichen Seitenblicks auf einen Tauschwert, verleiht dem Anfang eine überlebenskräf-
tige Präsenz, die auch die Schlußszene zu überdauern vermag. Das theatralische Ingenium des Dramaturgen Brecht
kehrte unwillkürlich immer wieder die Sinnlichkeit des
Helden hervor.[57]

Sie hat ihren guten Sinn und ihren eigenen Geist. Sie hindert Galilei daran, sich den Folterwerkzeugen der Inquisition mit Todesverachtung auszusetzen und sein Leben einem Fortschritt zu opfern, den sich der Staat auch bei voll-
zogenem Opfer dienstbar gemacht hätte. Der Papst wußte
nur zu gut, daß er mit der Androhung der Folter Galilei als
Sinnenwesen in die Knie zwingen konnte. Die Folter hätte
die sinnlich-geistige Doppelnatur Galileis zerrissen. Dies
konnte nur der opferheischende Fortschritts-Ideologe in
Brecht wünschen. Der Theatraliker und der Dramaturg in
ihm wollten es anders: Indem sie auf der entfalteten Kör-
persprache Galileis insistierten, hinterließen sie der Bühne
die Chance, den sinnlichen Überlebenswillen Galileis vor
den Zumutungen eines lebensfeindlichen Fortschrittspathos
in Schutz zu nehmen.

---

56 Ebd., S. 68.
57 Das tat auch der große Charles Laughton, zum Teil gegen Brechts Vorstellungen, bei den Proben zur »amerikanischen Fassung«. Vgl. dazu
die *Galileo*-Kapitel bei: James K. Lyon, *Bertolt Brecht in Amerika*, Frankfurt a. M. 1984, S. 263 (passim).

Literaturhinweise

Bertolt Brecht: Leben des Galilei [3. Fassung]. Frankfurt a. M. 1982. Neuausg. 1994. (edition suhrkamp. 1.)

Bertolt Brecht: Werke. Große kommentierte Berliner und Frankfurter Ausgabe. Hrsg. von Werner Hecht, Jan Knopf, Werner Mittenzwei und Klaus-Detlef Müller. Bd. 5: Stücke 5. Berlin / Weimar / Frankfurt a. M. 1988.

Bertolt Brecht: Schriften zum Theater. Über neue nicht-aristotelische Dramatik. Frankfurt a. M. 1981. (Bibliothek Suhrkamp. 41.)

Galileo Galilei: Dialog über die beiden hauptsächlichen Weltsysteme: das ptolemäische und das kopernikanische. Leipzig 1891. Nachdr. Stuttgart 1982.

Eine exemplarische Gegenüberstellung der letzten Szenen in der ersten und dritten Fassung, Selbstaussagen Brechts, Hinweise zur Theaterarbeit am *Galilei*, ausgewählte Interpretationsbeispiele, bibliographische Hinweise usw. liefert:

Werner Hecht (Hrsg.): Brechts *Leben des Galilei*. Frankfurt a. M. 1981. (suhrkamp taschenbuch. 2001.)

Buck, Theo: Dialektisches Drama, dialektisches Theater. Anmerkungen zu Brechts *Leben des Galilei*. In: Th. B. (Hrsg.): Zu Bertolt Brecht. Parabel und episches Theater. Stuttgart [2]1983. S. 127–139.

Charbon, Rémy: Die Naturwissenschaften im modernen deutschen Drama. Zürich/München 1974. S. 151.

Dort, Bernard: »Lecture de Galilée«: In: Denis Bablet / Jean Jacquot (Hrsg.): Les Voies de la création théatrale 3. Paris 1972. S. 109–255.

Fischer, Klaus: Galileo Galilei. München 1983.

Grimm, Roderich: Verfremdung in Bertolt Brechts *Leben des Galilei*, Frankfurt a. M. [u. a.] 1987.

Hallet, Wolfgang: Bertolt Brecht. *Leben des Galilei*. München 1991.

Hinck, Walter: Die Dramaturgie des späten Brecht. Göttingen [2]1960. Bes. S. 131–134.

Jendreiek, Helmut: Bertolt Brecht. Drama der Veränderung. Düsseldorf 1969.

Joost, Jörg-Wilhelm / Müller, Klaus-Detlef / Voges, Michael (Hrsg.): Bertolt Brecht. Epoche – Werk – Wirkung. München 1985.

Knopf, Jan: *Leben des Galilei*. In: J. K.: Brecht-Handbuch. Theater. Eine Ästhetik der Widersprüche. Stuttgart 1980. S. 174.

Knust, Herbert: Bertolt Brecht: *Leben des Galilei.* Frankfurt a. M.
1987.

Mittenzwei, Werner: Das Leben des Bertolt Brecht oder Der Umgang mit den Welträtseln. 2 Bde. Frankfurt a. M. 1987.

Müller, Klaus-Detlef: Die Funktion der Geschichte im Werk Bertolt
Brechts. Studien zum Verhältnis von Marxismus und Ästhetik.
Tübingen ²1972.

Nägele, Rainer: Zur Struktur von Brechts *Leben des Galilei.* In: Der
Deutschunterricht 23 (1973) H. 1. S. 86–99.

Schrader, Bärbel: Brechts »*Leben des Galilei* – Entstehung und
Wandlung eines Werkes für das Theater der Zeit. In: Weimarer
Beiträge 34 (1988) H. 2. S. 199–212.

Schumacher, Ernst: Drama und Geschichte. Berlin 1968.

Suvin, Darko: Brecht's Parable of heavenly food: Life of Galileo. In:
Brecht-Jahrbuch 15 (1990) S. 187–212.

Völker, Klaus: Brecht-Kommentar zum dramatischen Werk. Mitarb. von Hans-Jürgen Pullem. München 1983. Bes. S. 190 f.

Zimmermann, Werner: Bertolt Brecht. *Leben des Galilei.* Dramatik
der Widersprüche. Paderborn 1985.

Mutter Courage und ihre Kinder
Ein kritisches Volksstück

Von Walter Hinck

Brechts Stück *Mutter Courage und ihre Kinder* ist angesichts der vermehrten »heißen« Kriege, die das Ende des »Kalten Krieges«, der großen Ost-West-Konfrontation hinterlassen hat, von unverminderter Heutigkeit. Es bedarf keiner äußerlichen Nachbesserung – keiner Aktualisierung, wie sie etwa Alfred Kirchner mit seiner Bochumer Inszenierung von 1981 unternahm.

Daß an der Bühnenrampe eine Registrierkasse stand, war sinnvoll, weil dieses Symbol für den Geschäftsgeist der Courage als eine Art Motto des Stücks verstanden werden kann. Brecht selbst hatte für seinen Courage-Film als Bildsymbole die Handwaage, den Rechenschieber und Türmchen aus abgezähltem Geld vorgesehen. Wenn aber in der vorletzten Szene die stumme Kattrin nicht vom Dach des Bauernhauses, sondern von den Tragflächen eines Kampfflugzeugs, das sich vom Schnürboden gesenkt hatte, heruntergeschossen wurde, so rechnete die Inszenierung Kirchners offensichtlich gar nicht (mehr) mit dem mündigen Zuschauer, den Brecht vorausgesetzt hat, und flüchtete in die platte Direktheit.

Brecht selbst hätte schon, wäre ihm an solchen Alarmzeichen gelegen gewesen, in der berühmten Ostberliner Inszenierung von 1948/49 mit Flugzeug oder Tank operieren können. Aber er vertraute auf den Beispiel-, den Gleichnischarakter seiner »Chronik aus dem Dreißigjährigen Krieg«. Und wo das Parabelhafte des Stücks aufgebrochen und zerstört wird, geht im Spektakelhaften vordergründiger Aktualisierungen auch vieles vom Ernst und von der Tiefendimension der gleichnishaften Chronik verloren.

Die politische Konstellation, der das Stück seine Entstehung verdankt, hat sich selbstverständlich verändert. Ob nun zur Hauptsache bereits im Jahre 1938 in Dänemark konzipiert (wie Brecht aus Anlaß der Kopenhagener Aufführung von 1953 versicherte) oder zwischen Ende September und Anfang November 1939 in Schweden ausgeführt (wie Tagebuchnotizen seiner Mitarbeiterin Margarete Steffin besagen), das Stück ist in Erwartung beziehungsweise unter dem Eindruck des beginnenden Hitlerkrieges entstanden und war – sofern eine Eingrenzung auf ganz bestimmte Adressaten überhaupt zulässig ist – an jene Kräfte in Dänemark und im übrigen Europa gerichtet, die glaubten, sich aus dem Krieg heraushalten, aber durch ihn ins Geschäft kommen zu können.

Die konkrete Lage, nämlich die Bedrohung durch Hitlers Aggression, entfällt heute als Voraussetzung – aber sie entfiel ja auch bei Brechts Inszenierung in Ostberlin schon. Und das Stück war und ist an diese Voraussetzungen nicht gebunden, weil seine Appellkraft weit über den Anlaß seiner Entstehung hinausreicht. Freilich darf die dramatische Chronik nicht auf eine sehr allgemeine pazifistische Botschaft hin enthistorisiert werden. Was demonstriert wird, ist nicht nur die Inhumanität des Krieges und die Notwendigkeit, ihn für alle Zeiten zu ächten. Es ist andererseits schon gar nicht die hereinbrechende und hinzunehmende Schicksalhaftigkeit des Kriegs. Exemplarisch gezeigt wird eine der Bedingungen des Krieges (daß Brecht nur eine wahrhaben will, ergibt sich aus seinem Verständnis des modernen Krieges als Produkt des Kapitalismus, aus einer Auffassung, die spätestens seit den ›Bruderkriegen‹ kommunistischer Staaten in Indochina widerlegt ist), gezeigt wird der Nährboden des Krieges: das Gewinnstreben, das sich vom Krieg Bereicherung erhofft. Und wer könnte angesichts eines wie nie blühenden Waffenhandels noch so naiv sein zu glauben, Entscheidungen über Frieden und Krieg fielen jenseits der Geschäfte.

»Will vom Krieg leben / Wird ihm wohl müssen auch was geben« (1360).[1] Dieses Wort am Ende der 1. Szene, mit dem der Feldwebel Mutter Courages Verlust ihres Sohnes Eilif an die Werber kommentiert, begleitet als vom Zuschauer unvergessene Drohung die Handlung und ist an deren Ende mit letzter Unerbittlichkeit erfüllt.

Aber das Verhängnis, das die Courage trifft, der Tod aller drei Kinder, steht doch in keinem rechten Verhältnis zu ihrer Schuld. Insofern entfallen in diesem Stück Bedingungen der Tragödie (es sei denn, man legte jenen Begriff der blinden Fatalität des sogenannten Schicksalsdramas zugrunde, den Brechts Theatertheorie indes gänzlich ausschließt). Eine Absage an den Krieg in Form des Verzichts auf das Marketendergeschäft wäre erst dann eine Entscheidung von großem Gewicht gewesen, hätte erst dann den Fortgang des Krieges erschweren und ihren Kindern Sicherheit gewähren können, wenn sie von vielen ihresgleichen in ähnlicher Weise vollzogen worden wäre. Jene Handlungsebenen jedoch, auf denen die großen ›Geschäfte‹ gemacht und die Entscheidungen über Krieg und Frieden getroffen werden, tauchen im Geschehenshorizont des Stückes gar nicht auf (erst in einem frühen Entwurf zu Brechts Film-Exposé kommen sie ins Blickfeld). Ja, der Preis für die Profite auf jener Ebene wird nur hier eingefordert; was sich dort als Schuld ansammelt, schiebt seine verheerenden, nun grausam paradox wirkenden Folgen auf die Unteren ab. In weitaus eindeutigerer Weise, als es Brecht in den Jahren 1938/39 ahnen konnte, wurde *Mutter Courage* zum Drama des Mitläufers (zu beziehen auch auf die Millionen von Mitläufern des kriegslüsternen Hitlerregimes).

---

1 Zitiert wird nach: Bertolt Brecht, *Gesammelte Werke in 20 Bänden*, hrsg. vom Suhrkamp Verlag in Zsarb. mit Elisabeth Hauptmann, Frankfurt a. M. 1967 – zit. als: GW, Band- und Seitenzahl –, Bd. 4: *Stücke 4: Mutter Courage und ihre Kinder, Eine Chronik aus dem Dreißigjährigen Krieg*, S. 1347–1443 – zit. nur mit Seitenzahl.

Ob Mitläufer oder nicht, immer müssen die Kleinen sogar die Siege des eigenen Lagers mitbezahlen (»Ich hab nur Verluste von eure Sieg«; 1398). So ist das Stück ganz aus der ›plebejischen‹ Perspektive, aus der Sicht des Volkes geschrieben. Und in Richtung auf das Volkstheater, ja auf die bayerische Mundartbühne hin inszenierte Rolf Stahl die *Mutter Courage* am Bayerischen Staatsschauspiel im Jahre 1982. Das ist – bei der leicht mundartlich gefärbten Sprache der Courage – eine Möglichkeit, solange man keiner falschen Vorstellung von Volkstümlichkeit nachgibt, also Brechts Warnung bedenkt, daß das Volk selbst nicht »tümlich« sei. Und obwohl der Begriff des Volkstheaters im allgemeinen Gebrauch von großer Unschärfe ist, darf man dem Wink Brechts folgen, der zwar nur dem Titel seines *Puntila* die Gattungsbezeichnung »Volksstück« hinzugesetzt hat, jedoch in einem Brief an die schwedische Schauspielerin Naima Wifstrand aus dem Jahre 1940 auch *Mutter Courage* ein »volksstück« nennt.[2]

Wäre die Courage eine Gestalt des traditionellen Volkstheaters, so wäre ihr die volle Sympathie des Publikums sicher. Deshalb dienen die mehrfachen Änderungen, die Brecht an der Figur und dem Stück vorgenommen hat, im wesentlichen dem Zweck, den Händlergeist der Courage zu verdeutlichen und das Publikum in kritische Distanz zur Figur zu bringen. Mutter Courage war ihm zunächst unter der Hand zu einer so vitalen Verkörperung von Mutterwitz und Selbstbehauptungswillen (und so sehr in die Nähe der Mutter Wolffen in Gerhart Hauptmanns *Biberpelz*) geraten, daß er erst selbst noch lernen mußte, die Figur »gegen den Strich zu bürsten«.

Wenn aber Brecht 1949 der bürgerlichen Presse vorwarf, das Stück als »Niobetragödie« mißdeutet zu haben, so flossen in die Klage Krokodilstränen ein. Denn ausdrücklich nannte auch die Ostberliner Besprechung von Max Schrö-

---

2 Vgl. Klaus-Detlef Müller (Hrsg.), *Brechts »Mutter Courage und ihre Kinder«*, Frankfurt a. M. 1982 (suhrkamp taschenbuch materialien, 2016), S. 14.

der (im *Neuen Deutschland* vom 13. Januar 1949) Mutter Courage »eine humanistische Heilige aus dem Stamm der Niobe und der Schmerzensmutter«.[3] Ja, Brecht selbst hatte im *Arbeitsjournal* (18. Dezember 1940) von der »niobe-handlung« des Stücks gesprochen und in einem frühen, fragmentarischen Fabelabriß Mutter Courage als eine »Finnische Niobe« bezeichnet.[4]

Damit ist zugleich auf eine der Anregungen verwiesen, die in die Figur eingegangen sind, auf die Gestalt der finni-schen Marketenderin Lotta Svärd aus einer Ballade des Dichters Johan Ludvig Runeberg, deren Geschehen im finnisch-russischen Krieg der Jahre 1808/09 spielt und die sich Brecht im Sommer 1939 übersetzen ließ. Allerdings bleiben die Übereinstimmungen auf bloße Äußerlichkeiten beschränkt; für alles, was die Ballade zum Ruhmeslied macht, hatte Brecht keine Verwendung. Wesentlicheres konnte er in der Gestalt der »Landstörtzerin« Courasche von Grimmelshausen finden, die ihm nicht nur den Namen, sondern auch das geschichtliche und soziale Kolorit des Dreißigjährigen Krieges zuspielte (*Lebensbeschreibung Der Ertzbetrügerin und Landstörtzerin Courasche*, 1670).

Kennzeichnend für Brechts Anna Fierling, genannt Courage, sind freilich eher die Abweichungen als die Parallelen. Der Lebensweg der Courasche, die ihr ›Glück‹ vor allem als »Soldaten-Hur« und in kurzen gewinnbringenden Ehen macht, verläuft als Abstieg und endet bei den Zigeunern. In absteigender Linie bewegen sich auch die Geschicke der Courage, im Grunde schon von der Hinrichtung ihres Sohnes Schweizerkas an, spätestens aber nach dem Scheitelpunkt, der »Höhe ihrer geschäftlichen Laufbahn« in der 7. Szene. Doch erlebt sie Aufstieg und Fall als Marketenderin, in einem Beruf, der für Grimmelshausens Figur nur ein Durchgangsstadium bildet, und sie erlebt sie als Mutter, worin sie mit der unfruchtbaren Courasche überhaupt un-

3 Ebd., S. 80.
4 Ebd., S. 25.

vergleichbar ist (auch wenn das Motiv der sexuellen Freizü-
gigkeit darin erhalten bleibt, daß alle drei Kinder der Courage von verschiedenen Vätern stammen – wesentliche Züge
der Courasche gehen in die Figur der Yvette über).

Mit dieser Sammlung des Interesses auf den Beruf der
Marketenderin und auf ihre Verwundbarkeit als Mutter
(von der Brecht bei der finnischen Lotta Svärd nichts finden
konnte) sind die beiden Antriebskräfte gewonnen, die das
Verhalten der Courage bestimmen und die in einen unheilvollen Widerspruch zueinander geraten. So zeigt sich, daß
die wesentliche dramaturgische Konstellation des Stücks
den Anregungen gar nicht zu entnehmen war. Es ist dies
die Spannung von Geschäftstrieb und Mutterliebe, genauer
deren Dialektik. Denn der Marketenderwagen der Courage
schafft ihrer Mutterliebe erst die materielle Grundlage, die
mütterliche Sorge motiviert also auch den Geschäftssinn.
Dieser merkantile Trieb andererseits korrumpiert die Mutterliebe, wie vor allem das Feilschen um die Bestechungs-
summe demonstriert, das für ihren Sohn Schweizerkas
tödlich ausgeht (3. Szene). Gleichwohl ist die Courage eben
jene »Hyäne des Schlachtfelds« nicht, als die sie mit
der Übertreibung des enttäuschten, unerhörten Liebhabers
der Feldprediger bezeichnet (1414). »Zu Zeiten überren-
nen menschliche Reaktionen die geschäftlichen Prinzipien
doch«, notiert Brecht in einer frühen Aufzeichnung.[5] Und
keine noch so distanzierte schauspielerische Darstellung
kann jenen Augenblick verantwortlichen mütterlichen Han-
delns (9. Szene) vergessen machen, in dem die Courage um
ihrer stummen Tochter willen das Angebot des Kochs auf
eine Bleibe im friedlichen Flandern ausschlägt: »Ich brauch
nix zu überlegen. Ich laß sie nicht hier« (1427). Es ist ja
eben diese Fähigkeit zu »menschlichen Reaktionen«, die –
zusammen mit ihrem schuldhaften, bis zur Blindheit gehen-
den und zur Zerstörung ihrer Familie beitragenden ge-

schäftlichen Opportunismus – die Courage zur bedeuten-
den dramatischen Figur macht und ihr unser Interesse
sichert.

Es scheint, daß man gelegentlich gegen spätere Kommentare Brechts seine eigene Figur in Schutz nehmen muß –
nicht entschuldigend und nicht beschönigend, wohl aber
mit Blick auf die Komplexität der Gestalt. Brecht lud offensichtlich seine wachsende Verachtung des krämerischen
Kleinbürgers auf sie ab, und zwar weil er immer mehr von
der verhängnisvollen Wechselwirkung zwischen Kleinbür-
gertum und Faschismus überzeugt war. Und Helene Wei-
gels Darstellung der Courage in der Ostberliner Inszenierung tat das ihre dazu, Züge kleinlicher Raffgier zu verstär-
ken. Diese Züge erschweren es zwar dem Zuschauer, die
Partei der Courage zu ergreifen, und dienen damit der Ge-
samtintention des Stücks: doch sie können nicht jene anderen Momente und Szenen auslöschen, in denen die Courage
an der ›Weisheit des Volkes‹ teilhat und wenn schon nicht
das Herz auf dem rechten Fleck hat, so doch den Kopf.

Gemeint sind jene Gesprächsszenen, vor allem mit dem
Feldprediger und dem Feldkoch, in denen die scheinbare
Vulgarphilosophie über den Krieg mit ihrer augenzwin-
kernden Naivität und Komik nur die Tarnung für eine sub-
tile Enthüllungstechnik ist. Selbst was wie die direkte
sprachliche Mitteilung einer Einsicht erscheint, hat noch seinen Widerhaken: etwa die Antwort auf die bewundernde
Bemerkung des Feldpredigers: »Ich verstehs, daß man Sie
Courage geheißen hat.« »Die armen Leut brauchen Courage«, erwidert die Marketenderin und führt unter den
Gründen auch diesen an: »Sie müssen einander den Henker
machen und sich gegenseitig abschlachten, wenn sie einander da ins Gesicht schaun wolln, das braucht wohl Courage« (1404). Eine bemerkenswerte Umleitung der Denkbe-
wegung aus jener Richtung, die erwartet wird, findet statt,
eine »Verfremdung« also: mutfordernd nämlich ist nicht eigentlich das wechselseitige Sich-töten, die Selbstüberwin-

dung, die ein völlig widernatürliches Handeln kostet, sondern das Bestehen-wollen der Menschen voreinander angesichts des Mißbrauchs, den sie mit sich treiben lassen. Die Aufmerksamkeit wird also von der Tat, von der physischen Aktion auf das Problem der sozialen Beziehung und Verantwortung umgelenkt.

Mit der Verhüllung, die enthüllen soll, spricht die Courage in ihrer ›Klage‹ über die Abhängigkeit der Großen von den Kleinen: »Mir tut so ein Feldhauptmann oder Kaiser leid, er hat sich vielleicht gedacht, er tut was übriges und was, wovon die Leute reden, noch in künftigen Zeiten, und kriegt ein Standbild, zum Beispiel er erobert die Welt [. . .]. Kurz, er rackert sich ab, und dann scheiterts am gemeinen Volk, was vielleicht ein Krug Bier will und ein bissel Gesellschaft, nix Höheres« (1400 f.). Hier nimmt die Courage ironisch die Position derer ein, die sie bloßstellen will. Sie benutzt eine Redeweise, die Brecht im Aufsatz *Fünf Schwierigkeiten beim Schreiben der Wahrheit* als die »List, die Wahrheit unter vielen zu verbreiten« bezeichnet hat. Die Courage stellt sich dumm und verteidigt eine Ansicht mit solchem Eifer, daß ihre Falschheit jedermann einsichtig ist. Sie versteckt sich hinter einem Denken, das sie ablehnt, und führt es an den Punkt, wo es seine Lächerlichkeit und Absurdität von selbst zu erkennen gibt.

Hier bedient sich also der Oppositionsgeist der Courage einer Argumentationsweise, die wir auch in den *Flüchtlingsgesprächen* (zumal in den Kapiteln 5 und 6, »Schwierigkeiten der großen Männer« und »Trauriges Schicksal großer Ideen«) sowie in Brechts *Schweyk im zweiten Weltkrieg* (bzw. schon in Jaroslav Hašeks Schweyk-Roman) finden und die uns berechtigt, von einem schweykschen Element in der Gestalt der Courage zu sprechen. Hašeks Roman demonstriert an der Figur des Böhmen, der in seinen übertriebenen Bekundungen der Staats- und Kaisertreue unangreifbar wird, den überlebenden Widerstandswillen des Volkes unter der Fremdherrschaft. Brechts Dramatisierung

zieht Nutzen aus der komischen Wirkung des überlege-
nen, die schwierigsten Situationen meisternden Hašekschen
Schweyk, zeigt aber nun zugleich das Problematische der listigen Anpassung. Eben eine kritische Einschränkung kenn-
zeichnet auch Brechts Behandlung des schweykschen Ele-
ments in der Figur der Courage. Die Anpassung – geradezu
die Form der Mimikry annehmend, wenn die Courage
während des Verhörs in katholischer Gefangenschaft nach
der Einkaufsmöglichkeit für Weihkerzen fragt (1378) – ist
bei ihr nicht nur Mittel der Opposition, sondern vor allem
der Berechnung. Die Aussicht und Hoffnung auf »Gewinn«
(»Und anders würden die kleinen Leut wie ich auch nicht
mitmachen«; 1375) korrumpiert die politische Einsicht und
mit ihr den Widerstandsgeist.

Immerhin weisen die schweykschen Züge – schweyksche
Elemente bringt Brecht auch in die Figur des Feldkochs, ja
sogar des Feldpredigers ein – die Courage als eine Figur des
Volkstheaters aus, freilich eines kritischen Volkstheaters.
Wie sich das kritische Volksstück Sprichwörter, den Zu-
spruch und die Warnung des Volksmunds, zu eigen macht,
lassen zwei Beispiele erkennen. Ein Doppelpunkt und ein
Zusatz decken den billigen Münz- und Klischeewert, den
Sprichwörter haben können, auf: »Der Mensch denkt: Gott
lenkt – / Keine Red davon!« (1395). »Komm, geh mit angeln, sagt der Fischer zum Wurm« (1355) zeigt die Vorliebe
für das enthüllend-aggressive Sprichwort.

Kritische Korrektur eines eingefahrenen Denkens und
Demaskierung berühren sich unmittelbar mit den Formen
der Ideologiekritik, die in *Mutter Courage* fast ausschließlich die Demontage der Kriegs- und Herrschaftsideologie
zum Ziel haben. Und auch hier ist festzuhalten, daß die
Courage selbst an dieser Demontage zunächst kräftig mit-
wirkt.

Am Problem der Ideologiekritik vor allem wird deutlich,
daß die Reden der Brechtschen Figuren nicht den Gesetzen
der Psychologie unterliegen. Wären sie psychologisch kon-

zipiert, würden sich, gleich in der Eingangsszene, die Vertreter der Soldateska nicht in der Weise selbst demaskieren, wie sie es durch die Umkehrung der Werte tun: »Man merkts, hier ist zu lang kein Krieg gewesen. Wo soll da Moral herkommen, frag ich? Frieden, das ist nur Schlamperei, erst der Krieg schafft Ordnung. Die Menschheit schießt ins Kraut im Frieden. Mit Mensch und Vieh wird herumgesaut, als wärs gar nix« (1349). Die paradoxe Redeweise enthält jenes Moment der entlarvenden Überspitzung, in das nicht nur die Ansicht der Figur, sondern zugleich der ironisch-sarkastische Kommentar des Stückeschreibers eingeht.

Völlig brüchig bliebe die Figur des Feldpredigers, deutete man alle seine Äußerungen psychologisch und nähme sie wörtlich. Vernünftiges Reden (»Schuld sind die, wo Krieg anstiften, sie kehren das Unterste zuoberst in die Menschen«, 1407) und das Sprechen im Ton und Vokabular einer Rolle, die er als Begleiter und Schankknecht der Courage längst aufgegeben hat, stünden unvereinbar nebeneinander. Der Feldprediger ist aber die Figur, mit deren Hilfe Brecht vor allem die Verbindung von Kirche und Militär, genauer die ideologische Unterstützung der Militärs durch die Religionsverteter sowie die Verbrämung eines Machtkriegs als Glaubenskrieg sichtbar machen will. »In dem Krieg fallen, ist eine Gnad und keine Ungelegenheit, warum? Es ist ein Glaubenskrieg. Kein gewöhnlicher, sondern ein besonderer, wo für den Glauben geführt wird, und also Gott wohlgefällig« (1373). Immerhin ist dann er es, der in der 5. Szene der Marketenderin die Offiziershemden entreißt, um Verwundete zu verbinden, und so als ›barmherziger Samariter‹ seinem religiösen Auftrag in einem tieferen Sinne gerecht wird. In der 6. Szene würde der Darsteller die Figur verfehlen, wenn er hinter der bramarbasierenden Bemerkung »Mit denen da draußen [...] getrau ich mich hundert Jahr einen Krieg nach dem andern zu machen« (1401) oder hinter dem Räsonieren über den Frieden als bloße Pause im Krieg (1403) nicht einen schweykschen ironischen Vorbehalt spüren ließe.

Selbstverständlich gibt es in den Gesprächsszenen von *Mutter Courage* auch die eindeutigen (kritischen) Urteile. Aber oft geben die Reden der Figuren ihren kritischen Gehalt erst heraus, wenn der Zuschauer in ihnen die Übertreibung oder Verkleinerung, die Verstellung durchschaut und das heimliche Dementi mithört. Die Sprache verlangt ständige Wachheit gegenüber möglichen Finten, sie gewährt dem Zuschauer aber auch ein entdeckerisches Vergnügen. So ist die Dialogführung Mittel und Bestandteil der publikumgerichteten Dramaturgie des Stückes. – Am sinnfälligsten wohl wird diese Dramaturgie in den Liedern oder Songs, die in den Inszenierungen deutlich aus dem Handlungsgang herausgehoben und zugleich auch ans Publikum adressiert sind.

Obwohl der Brechtsche Song zum erstenmal durch die *Dreigroschenoper* zu Weltruhm kam, geht er in die Stücke nicht eigentlich als ein Opernelement ein. Im Volkstheater hat die Liedeinlage eine lange Tradition, sie ist uns heute noch am gegenwärtigsten durch Aufführungen der Stücke von Raimund und Nestroy. Was die Lieder der Brechtschen Stücke grundsätzlich von den Couplets des Wiener Volkstheaters trennt, ist zugleich kennzeichnend für den Abstand des Brechtschen kritischen Volksstücks zur Volkstheaterüberlieferung. Gewiß treten auch die Couplets der Raimundschen und Nestroyschen Stücke aus dem unmittelbaren Zusammenhang der dramatischen Handlung heraus. Sie nehmen ein Thema oder Ereignis der szenischen Situation zum Anlaß für allgemeine Betrachtungen, wobei die Couplets von Nestroy schon von stärker reflektierendem und satirischem Charakter sind als die gelegentlich etwas sentimentalen Lieder Raimunds. Üblich ist die Hinzufügung weiterer Strophen, die auf jeweils aktuelle Geschehnisse oder Probleme des Aufführungsortes und der jeweiligen Zeit Bezug nehmen. Das Couplet wird zur Hintertür, durch die Gegenwartswirklichkeit in die Stückwirklichkeit einschlüpft.

Von diesem generalisierenden und aktualisierenden Couplet unterscheidet sich der Brechtsche Song (in *Mutter Courage*) durch die widerspruchsvolle Beziehung zur dramatischen Situation, aus der er hervortritt, und deshalb durch die veränderte Rezeptionshaltung, die er beim Zuschauer voraussetzt. Das scheinbar unausrottbare Vorurteil vom Theater Brechts als Ort der Indoktrination läßt sich von hier aus am leichtesten aus den Angeln heben.

Das »Lied von der Großen Kapitulation« (1394–96), das die Courage in der 4. Szene singt, hat im Handlungszusammenhang durchaus eine Motivation, einen Adressaten und eine Wirkung. Es erläutert die Empfehlungen der Courage an den aufsässigen jungen Soldaten und hilft den Rebellen umstimmen. »Die Schlechtigkeit der Courage«, heißt es im *Couragemodell 1949*, »ist in keiner Szene größer als in dieser, wo sie den jungen Menschen die Kapitulation vor den Oberen lehrt, um sie selber durchführen zu können.«[6] Danach wäre – auf den ersten Blick – das Lied lediglich Illustrationsmittel für einen negativen Rat.

Der Zuschauer kann sich aber mit der tatsächlichen Wirkung des Liedes im Szenenverlauf nicht zufriedengeben. Er entnimmt dem Text mehr, als das scheinbar einfache Ursache-Folge-Verhältnis anzeigt. Denn in die Geschichte einer Kapitulation eingebaut ist im Lied die Geschichte vom Fall einer Hochmütigen, die »nicht wie jede beliebige Häuslerstochter«, sondern »was ganz Besondres« sein wollte. Die dritte Strophe knüpft daran an, wobei sie nun die Himmelsstürmer und das illusionistische »Berg-auf-Berge-Türmen« mit einschließt. So gesehen, stellt der Akt der Kapitulation die Kehrseite zum Vorgang einer Sozialisation dar. Diese ›Sozialisation‹ indessen ist nicht nur Heilung, eine Roßkur sozusagen (»Lernte ich zu schlucken meine Medizin«), sondern vor allem Dressur und Entwürdigung (»Als sie einmal mit mir fix und fertig waren / Hatten sie mich auf dem Arsch

6 Ebd., S. 159.

und auf den Knien«). Ist der Drang, über die Menschen der eigenen Klasse hinauszuragen und etwas Außergewöhnliches zu sein, auch fragwürdig (Brecht nimmt das Motiv, nun übertragen auf den ehrgeizigen Wunsch der Mutter für die Tochter, im Wiegenlied für die tote Kattrin am Ende des Stücks noch einmal auf), so ist doch die Sanktion der Gesellschaft ebenso fragwürdig. Das Lied bringt Fragen zum Verhältnis des Einzelnen und der Gesellschaft ins Spiel, die in der Szene selbst gar nicht zur Diskussion stehen; es deckt Widersprüche auf, für die es keine so eindeutigen Antworten gibt wie den Rat der Courage und seine Befolgung. Die Kapitulation erscheint hier sowohl als eine Beugung des Einzelnen durch die Gesellschaft wie als eine fällige Korrektur individueller Ansprüche auf Vorzugsrechte.

Ideologiekritische Funktion haben die beiseitegesprochenen (im Text eingeklammerten) Bemerkungen der Courage: gestanzte, abgegriffene Redeweisen, mit denen man dem »Drang nach Höherem« zu ermutigen oder das Sich-einfügen in den »Gleichschritt« zu rechtfertigen versucht – Formeln wie »Alles oder nix«, »Jeder ist seines Glückes Schmied« und »Wo ein Wille ist, ist ein Weg« oder »Man muß sich stelln mit den Leuten«, »Mit dem Kopf kann man nicht durch die Wand« und »Man muß sich nach der Decke strecken«.

So bietet sich das Thema der Kapitulation im Lied in einer widerspruchsvollen Komplexität dar, wodurch die Reflexion des Zuschauers weit über die szenische Situation hinausgeführt wird. Es entsteht ein zusätzlicher Widerspruch noch dadurch, daß zwar die Courage selbst nach dem »Lied von der Großen Kapitulation« ihre Beschwerde beim Rittmeister fallenläßt, daß aber ihr Opportunismus gewissermaßen ein zähneknirschendes Beigeben ist. Das *Couragemodell 1949* setzt denn auch die Notiz zum Lied und zur »Schlechtigkeit« der Courage mit einer halben Zurücknahme fort: »Und doch zeigt das Gesicht der Weigel dabei einen Schein von Weisheit und sogar Adel, und dies ist gut. Es ist nämlich nicht die Schlechtigkeit ihrer Person so sehr als die ihrer Klasse, und sie selbst erhebt sich wenigstens dadurch darüber ein wenig, daß sie Einsicht in diese Schwäche, ja Zorn darüber zeigt.«

Der »Salomon-Song« in der 9. Szene (1425–27), in anderer Fassung schon aus der *Dreigroschenoper* bekannt (und dort mit einer anderen Funktion versehen), variiert ein Thema, das zum erstenmal in der 2. Szene Gegenstand des Gesprächs wird: das Thema des Heldenmuts und der Tugenden. Die Courage kommentiert die Phrasen des Feldhauptmanns, der gerade ihren kühnen Sohn Eilif lobt:

> wenn es wo so große Tugenden gibt, das beweist, daß da etwas faul ist. [...] Warum, wenn ein Feldhauptmann oder König recht dumm ist und er führt seine Leut in die Scheißgass, dann brauchts Todesmut bei den Leuten, auch eine Tugend. [...] In einem guten Land brauchts keine Tugenden, alle können ganz gewöhnlich sein, mittelgescheit und meinetwegen Feiglinge. (1365 f.)

Die Dialektik, die in dieser vertrackten Logik der Courage steckt, hat Brecht übrigens am schärfsten im letzten Kapitel der *Flüchtlingsgespräche* erfaßt. Ein Zustand, sagt dort Kalle, in dem »solche anstrengenden Tugenden wie Vaterlandsliebe, Freiheitsdurst, Güte, Selbstlosigkeit so wenig nötig sind wie ein Scheißen auf die Heimat, Knechtseligkeit, Roheit und Egoismus«, sei der Sozialismus. Die Überraschung seines Gesprächspartners wird aber von Kalle sofort gedämpft: »Gleichzeitig mach ich Sie darauf aufmerksam, daß für dieses Ziel allerhand nötig sein wird. Nämlich die äußerste Tapferkeit, der tiefste Freiheitsdurst, die größte Selbstlosigkeit und der größte Egoismus.«[7]

Auch in der Bettelszene in *Mutter Courage* wirkt der Abgesang auf die Tugenden und die Warnung vor ihrer Gefährlichkeit zwiespältig. Daß die Weisheit Salomon die Ei-

---

7 Bertolt Brecht, *Flüchtlingsgespräche*, Frankfurt a. M. 1961 (Bibliothek Suhrkamp, 63), S. 161 f.

telkeit der Welt sehen lehrte, daß die Kühnheit Cäsar die Ermordung, die Wahrheitsliebe Sokrates den Schierlingstrank und die Selbstlosigkeit dem heiligen Martin den Erfrierungstod einbrachte, sind zwar verblüffende, aber bei näherem Hinsehen fragwürdige Einwände gegen die Tugenden; und daß der Koch und die Courage, die das Lied singen, durch die Gottesfurcht ins Elend gekommen seien, ist schlichtweg eine Notlüge, die an die Barmherzigkeit der Pfarrersleute appellieren soll. Andererseits läßt sich der Kommentar des Kochs, daß nicht die Tugenden, wohl aber die Schlechtigkeiten sich auszahlen, nur schwer widerlegen, und schon gar nicht seine Folgerung: »so ist die Welt und müßt nicht so sein!« (1427) Freilich ist der Koch, der gerade sein ›unmoralisches‹ Ansinnen an die Courage gestellt hat, der letzte, der sich hier entrüsten darf. Der Zuschauer sieht sich ständig in die Rolle eines kritisch argumentierenden Gegenspielers gedrängt.

Werden wirkliche Tugenden von der Gesellschaft selten honoriert, so kommt doch ein menschenwürdiges Zusammenleben ohne sie nicht aus. Als szenischer Kontrapunkt zur Lehre des Songs ist immer wieder die Entscheidung der Mutter Courage für ihre Tochter, mit der sie zugleich ihrer Liebesgeschichte den Abschied gibt, angeführt worden – mit Recht. Den eigentlichen Kommentar aber spricht das Handeln der stummen, trommelnden Kattrin in der übernächsten Szene, und zwar insofern, als hier sowohl die Tödlichkeit wie die Notwendigkeit der Tugenden Selbstlosigkeit und Hilfsbereitschaft und des sie verwirklichenden Muts unmittelbar sinnfällig werden. Kattrin ist sich über den hohen Einsatz im klaren, ihr Handeln vollzieht sich im vollen Bewußtsein seiner Folgen für sie selbst. Wenn eine Gestalt in dem Stück tragisch ist, dann sie, und wenn eine ganz schuldlos, denn ebenfalls sie. Es ist also diese Tragik der handelnden und mit dem Tode bezahlten Hilfsbereitschaft eine Tragik jener Art, wie wir sie aus der Märtyrertragödie kennen.

Mit der Gestalt der Kattrin hat Brecht eine Gegenfigur zur Mutter Courage geschaffen, die jene kritische Auseinandersetzung über das Stück, die in Ostberlin nach der Aufführung von 1949 begann und die in einer reservierten Aufnahme des Stücks in der DDR nachwirkte, recht unverständlich erscheinen läßt. Man verargte Brecht, daß er in der Geschichte der uneinsichtigen Courage, die am Schluß »in stummer Einsamkeit ihren Wagen zieht«, »das Drama der großen Kapitulation des Volkes« zeige (so Altermann[8]), und Brecht trat – etwa in den Anmerkungen zum Stück – den Vorwürfen bekanntlich mit dem Satz entgegen: »Dem Stückschreiber obliegt es nicht, die Courage am Ende sehend zu machen [...], ihm kommt es darauf an, daß der Zuschauer sieht« (1443). Aber der Zuschauer findet ja schon im Stück selbst, in der unmittelbar vorhergehenden Szene, das große Gegenbeispiel zur ›Kapitulation‹.

Wenn Kattrin mit der Trommel aufs Dach steigt, um die schlafende Stadt Halle zu wecken und so die Einwohner (wie auch ihre Mutter) zu retten, ist dies kein bloßes Reagieren des Gefühls oder Affekts. Gewiß, sie »steht verstört auf«, als von den Kindern die Rede ist, die durch den drohenden Überfall gefährdet sind. Der große Antrieb der Stummen – der zerstörten Kreatur, die nie ein leibliches Kind erwarten kann –, die Kinderliebe, sie läßt auch hier den Drang zu helfen übermächtig werden (die »große Helferin« hat Brecht Kattrin auch genannt). Aber man verkürzt diese Figur in fataler Weise, wenn man das Dilemma des Dramatikers, der eine Stumme nicht redend reflektieren, sondern immer nur gestisch sich äußern lassen kann, vergißt und ihre Handlungen nur als Kompensation für den mütterlichen Instinkt begreift. Als auf den Planwagen eingeschlagen wird, stößt sie, »verzweifelt und nach ihrem Wagen starrend, jämmerliche Laute aus« (1435): sie weiß, was für das Geschäft der Mutter und für ihr eigenes Dasein auf

8 Vgl. Müller (s. Anm. 2) S. 87.

dem Spiel steht. Damit verbietet sich auch eine andere Verkürzung der Figur, nämlich in Richtung auf ein unreflektiertes Heldentum. »Es ist notwendig, das Heldenklischee zu vermeiden. Die stumme Kattrin ist erfüllt von zwei Ängsten: der für die Stadt Halle und der für sich«, heißt es im *Couragemodell 1949*; und die Notiz zur Darstellung der Figur überhaupt lautet: »Es ist notwendig, die stumme Kattrin von Anfang an als intelligent zu zeigen.«[9]

Erst dadurch nämlich wird sie zu der unvergleichlichen Figur auf dem deutschen Theater unseres Jahrhunderts. Sie hat nichts Dumpfes wie eine andere bedeutende Leidende aus der Kleineleute-Welt, wie Gerhart Hauptmanns Rose Bernd. Und die zweifellos rührende Wirkung, die ihre Selbstaufopferung und ihr Tod auslösen (könnten), wird von Brecht in geradezu natürlicher Verfremdung dadurch abgefangen, daß er die letzten Trommelschläge übergehen läßt in Kanonendonner und Sturmglockenläuten aus der geretteten Stadt Halle.

Gegenfigur zur Courage ist Kattrin auch dadurch, daß ihre Entwicklung den umgekehrten Weg nimmt wie die ihrer Mutter. Diese beiden gegenläufigen, aber gelegentlich sich treffenden Bewegungen sind ein wichtiges Moment der Handlungsfügung. Das epische Theater Brechts, das den einzelnen Szenen eine relative Selbständigkeit gibt, damit der Zuschauer »mit dem Urteil dazwischenkommen« kann (*Kleines Organon für das Theater*, § 67), verzichtet ja nicht auf Mittel zur dramatischen Konzentration[10] und zur Verklammerung der Szenen, nicht auf eine die Teile übergreifende Längsspannung (wie Brecht die Bühnentauglichkeit

---

9 Ebd., S. 180 und 163.
10 Vgl. Reinhold Grimm, *Pyramide und Karussell*; jetzt in: Werner Keller (Hrsg.), *Beiträge zur Poetik des Dramas*, Darmstadt 1976, S. 352–382. Grimm zeigt an der dreiteiligen 3. Szene von *Mutter Courage*, daß trotz der Kreis- und Karussellstruktur des Stücks Teile nach dem Gesetz der Pyramide gebaut sein können, mit Einleitung, erregendem Moment, steigender Handlung, Höhepunkt und Umkehr, fallender Handlung, Katastrophe (S. 366 f.).

eines Stückes zu erhöhen wußte, läßt sich an seiner Bearbeitung des *Hofmeisters* von J. M. R. Lenz ablesen).

Daß die Courage in der ersten Szene die rauhen Warnlaute der stummen Tochter mißachtet, weil sie noch die Echtheit der Münze prüfen zu müssen glaubt, bringt sie um die Möglichkeit, ihren Sohn Eilif zurückzuhalten. Schon hier also erscheint Kattrin als Widerpart der Courage, als Widerpart jenes Geschäftsgeistes, dessen Folgen in einer Vorausdeutung und mit einer Art tragischer Ironie schon vorweggenommen werden: die gefälschten, todkündigenden Lose, die die Courage ihre Söhne ziehen läßt, werden keine leere Prophezeiung bleiben.

Jene Einsicht in die tödlichen Gesetze des Krieges, die sich in der 2. Szene in Courages »Lied vom Weib und dem Soldaten« ausdrückt, ist in der 3. Szene (»Aber der Krieg läßt sich nicht schlecht an. [...] und ich mach gute Geschäft«; 1370) wieder vergessen. Einen Augenblick lang scheint es, als hielten sich die bescheidenen Glücksaussichten Kattrins und der Courage die Waage. Kattrins heimliches Herumstolzieren mit dem Hut und den roten Schuhen der Yvette, ein Paradieren nicht ohne Komik, gibt für einen Moment den Blick in eine mögliche heitere Welt frei. Aber der Überfall der Katholischen läßt alle Illusionen zerstäuben. Die Courage rettet den Wagen um einen viel zu hohen Preis; während der Verhandlungen um das Leben des Bruders hält es Kattrin an der Seite der Mutter nicht aus, sie *»läuft plötzlich schluchzend hinter den Wagen«* (1390).

In dieser Gebärde des Schmerzes schwingt nicht nur Distanzierung mit, sondern auch ein Protest, der seine schärfste Form in der 5. Szene erhält, als die Courage das Leinen zum Verbinden der Verwundeten nicht herausrücken will: Kattrin bedroht sie mit einer Holzplanke. Zugleich aber zeigt Brecht schon in dieser Szene, daß sich Kattrins Widerstandsgeist mit dem Protest nicht begnügt, sondern ihn zur Tat werden läßt: Sie rettet, zum Unwillen der Courage, einen Säugling aus der Trümmerstätte.

Den Zynismus der Händlerin veranschaulicht Brecht sowohl in ihrer Haltung wie in ihrer Rede, aber auch in der Fügung der Szenen. Auf die tiefste Verletzung Kattrins, auf ihre Schändung und Verunstaltung, die alle ihre Zukunftshoffnungen begräbt (6. Szene), folgt in der nächsten Szene unmittelbar der Triumphausbruch der Courage: »Ich laß mir den Krieg von euch nicht madig machen. Es heißt, er vertilgt die Schwachen, aber die sind auch hin im Frieden. Nur, der Krieg nährt seine Leut besser« (1409). Von dieser »Höhe ihrer geschäftlichen Laufbahn« aber führt der Weg nur nach unten – ein Abstieg jetzt in doppelter Weise: für die Händlerin wie für die Mutter. Aber daß Brecht dieser Figur auch jetzt noch ihre menschlichen Widersprüche beläßt, wird sogleich wieder am Anfang der 8. Szene deutlich: in der Freude, mit der die Courage als Mutter den vermeintlichen Frieden begrüßt und die Sorgen der Marketenderin beschwichtigt.

Über den Tod Eilifs bleibt die Courage, bis zum Schluß des Stückes und über ihn hinaus, in einer Unwissenheit, die in Entsprechung zu ihrer Unbelehrbarkeit steht; nur daß ihr in dem einen Fall die Aufklärung vorenthalten wird, während sie sich im anderen zunehmend verhärtet gegen die mögliche Einsicht, daß sie von den Katastrophen des Kriegs nicht profitieren kann. Bevor die Haltungen der Courage und Kattrins in ihre äußerste Gegensatzposition rücken, nähern sie sich noch einmal aufs engste an. Diesen Aufschub, dieses ›retardierende Moment‹ bringt die 9. Szene mit Kattrins Entschluß, ihrer Mutter den Weg für die Reise nach Flandern freizugeben, und mit dem Verzicht der Courage zugunsten ihrer Tochter.

Es ist wichtig, daß das Stück nicht mit Zeichen einer stärkeren Entfremdung zwischen Mutter und Tochter schließt (die kurze 10. Szene verdeutlicht ihre gemeinsame Unbehaustheit). Denn bestünde eine Kluft zwischen beiden im privat-zwischenmenschlichen Verhältnis, so wäre der Kontrast ihrer Haltungen auf der sozialen Ebene um einen Teil seiner Sinnfälligkeit gebracht. Die Verstärkung dramatischer Konflikte durch ihre Ansiedlung in familieninternen Beziehungen (etwa Vater-Sohn-Gegensatz oder Kampf der feindlichen Brüder) intensiviert emotionale Erschütterungen, wie sie eine antiaristotelische Dramaturgie gerade ausschließen will.

Die Metapher, mit der Brecht die Tat Kattrins umschreibt – »Der Stein beginnt zu reden« (1430) –, deutet sowohl den Ausnahmezustand der Stummen wie die ›zum Himmel schreiende‹ Situation an, auf die ihre Tat antwortet. Diese Metapher signalisiert zugleich in der Bildwahl die Absicht des Autors, aller falschen Heldenglorie vorzubeugen und auch auf die Anstrengung aufmerksam zu machen, die zu solcher Tat nötig ist. Brecht erfaßt das Handeln Kattrins in einem sprachlichen Bild, das im schneidenden Gegensatz steht zu jenem Satz, mit dem sich die Courage am Schluß des Stücks erneut auf den Weg macht: »Ich muß wieder in Handel kommen« (1437).

Der Planwagen, der zu Anfang noch die vierköpfige Familie vereinigte, rollt jetzt in einen ›hundertjährigen‹, also endlos scheinenden Krieg, den die Courage allein zu bestehen hat. Das Motiv ihrer Unbelehrbarkeit verdient über die Diskussionen, die der Schluß auslöste, hinaus Interesse. Verstehen wir *Mutter Courage* als eine Brechtsche Variante des Volksstücks, so fällt die markante Abweichung von der Tradition auf. Das Volksstück liebt es, am Schluß für klare Verhältnisse zu sorgen; ein didaktischer Grundzug, der mit Komik nicht unvereinbar ist, drängt darauf, den Unverbesserlichen wenigstens am Ende zur Räson zu bringen. Geradezu gattungsbestimmend wird diese Tendenz im sogenannten Besserungsstück, wie wir es vom Wiener Volkstheater kennen. Und gerade zu diesem Typus nimmt sich *Mutter Courage* wie ein Gegenentwurf aus.

Es ist die Harmonisierungstendenz, die jene Schlüsse für Brechts episches oder – wie er zuletzt zu sagen vorzog – dialektisches Theater unbrauchbar machen mußte. Zu oft leistet im Volkstheater die übers Knie gebrochene Wandlung dem beruhigenden Eindruck Vorschub, daß auch die Ursachen für die mangelnde Einsicht nicht eben tief gelegen haben können oder daß Erkenntnisse am Ende von selber reifen. Eine Dramaturgie, die das Denken des Zuschauers in die vielfältigen gesellschaftlichen Widersprüche hineinzieht, darf nicht mit einfachen oder gar naiven Lösungsangeboten aufwarten. Sie würden jenen Appell an das kritische Gegenspiel des Zuschauers, der vor allem von den Liedern oder Songs ausgeht und sie zu Kristallisationszentren einer Dramaturgie der Beunruhigung macht, am Ende ohne Not widerrufen. Zur Wirkungsintention des kritischen Volksstücks gehört es, daß eine Beunruhigung über den Schluß hinaus andauert.

Dieser Dramaturgie der Beunruhigung dienen in indirekter Weise auch die jeweils vorangestellten, bei der Aufführung auf eine Leinengardine oder einen anderen Hintergrund projizierten Texte (Titel), die die Szene sowohl in die umgreifende geschichtliche Situation hineinstellen als auch ihren Inhalt skizzieren. Sie verhindern die Ablenkung des Zuschauers durch bloße Spannung auf den Geschehensverlauf oder -ausgang, sie ermöglichen die Konzentration der Aufmerksamkeit auf Beweggründe (statt bloß auf Ergebnisse), auf Ursachen (statt bloß auf Folgen), auf Zusammenhänge (statt nur auf Einzelereignisse).

Das von Emil Burri und Wolfgang Staudte mitverfaßte Drehbuch zum Film *Mutter Courage und ihre Kinder*[11] – das einzige ausgeführte, aber nicht verwirklichte Drehbuch des späteren Brecht[12] – versucht den historischen Hintergrund zu konkretisieren. Überraschend ist allerdings, daß

---

11 In: *Bertolt Brecht: Texte für Filme I. Drehbücher, Protokolle*, Frankfurt a. M. 1969. – Dieser Film ist nicht zu verwechseln mit der Verfilmung der Modellaufführung des Berliner Ensembles durch Peter Palitzsch und Manfred Wekwerth (1960).

12 Wolfgang Staudte mußte die Dreharbeiten bei der DEFA (1955) nach einem Einspruch Brechts abbrechen, andererseits konnte Brecht seine Bedingungen bei der DEFA nicht durchsetzen.

die nach einer Diskussion am 3. Oktober 1951 und im Entwurf vom Februar 1952 vorgesehene Szene an einem kurfürstlichen Hof dann in der endgültigen Fassung des Drehbuchs von 1955 doch nicht auftaucht, so daß das Handlungsfeld der politisch Verantwortlichen auch hier ausgespart bleibt.[13] Dafür räumt das Drehbuch der Schicht der Bauern eine weitaus größere Bedeutung ein und teilt ihr eine andere politische Rolle zu.

In den Bauernmassen lebt noch etwas vom revolutionären Geist der Bauernkriege wieder auf, sie erscheinen am Ende als das fortschrittliche Element. Kattrins Opfertat, die ihnen das Beispiel gibt, verweist ihrerseits auf die Belehrung eines politisch aufgeklärten jungen Müllers zurück, mit dem Kattrin eine kurze Liebesepisode verbindet. Wenn zum Schluß Bauern die Soldateska in die Flucht schlagen, so deutet sich hier jene Perspektive auf den Sieg des Volkes an, die von Ostberliner Kritikern der *Courage*-Inszenierung des Berliner Ensembles vermißt worden war. Zweifellos kommt Brechts Filmfassung der offiziösen Auffassung vom ›Sozialistischen Realismus‹ entgegen. Das verrät auch die im Drehbuch geforderte Filmmusik. Paul Dessaus Musik zum Theaterstück – die ursprüngliche von Simon Parmet und die von Paul Burkhard für die Zürcher Uraufführung (1941, mit Therese Giehse in der Hauptrolle) geschriebene Musik wurden von Brecht für seine Inszenierung nicht übernommen – ist zum Teil alten volksliedhaften Weisen entlehnt, so das Lied der Courage (»Ihr Hauptleut, eure Leut marschieren / Euch ohne Wurst nicht in den Tod«) der Melodie einer alten französischen Romanze. Dem »Lied von den Anfechtungen großer Geister« (Salomon-Song) gab Dessau Bänkelsangcharakter. Doch sollte der Zuschauer »den Eindruck haben, als hörte man altbekannte Weisen in neuer

---

13 Vgl. zum Folgenden auch meinen Aufsatz: Walter Hinck, »Die Kamera als ›Soziologe‹. Bertolt Brechts Texte für Filme«, in: *Brecht heute. Jahrbuch der Internationalen Brecht-Gesellschaft*, Frankfurt a. M. 1971, S. 68–79, hier S. 78 f.

Form«.[14] Einen verfremdenden Klang erzeugte vor allem das sogenannte Wanzenklavier, dessen Hämmer mit Reißnägeln besetzt sind. Für den Film dagegen verlangt das Drehbuch am Schluß eine eher heroische Musik. Ein optimistisches Thema soll zu einem triumphalen Höhepunkt geführt werden und so den Sieg des Volkes musikalisch untermalen.

Im Film erhält also die Verstocktheit der Courage nicht nur in der Einzeltat (Kattrins), sondern auch im kollektiven Handeln (der Bauern) ihr Gegengewicht. Aber auch die Unbelehrbarkeit der Courage selbst trägt zu schrofferen Gegensätzen bei; die Mutterliebe wird ganz vom Geschäftstrieb überlagert. Wenn die Courage durch zunehmend trostlose und verwüstete Landstriche zieht, am Ende abgerissen und müde, so werden beide, der Krieg und die Händlerin, zum abschreckenden Exempel.

Eine Inszenierung, die das Stück vom Drehbuch her korrigieren möchte, käme in Gefahr, dem Theater die Versinnlichungsformen einer anderen Kunstgattung aufzuzwingen. Von den zahlreichen Bildsequenzen des Films, in denen die enthumanisierende Wirkung und die Gefräßigkeit des Krieges veranschaulicht werden (Überfall hungernder Kinder auf den Marketenderwagen, leitmotivartiges Auftauchen von Kriegswerbern), lassen sich nur wenige in die Aufführung einfangen, weil sie auf der Bühne nur illustrativen Charakter hätten und den Text überwuchern würden. Aus dem epischen Theater würde ein epischer Bilderbogen, dem immer wieder Substantielles der dramatischen Chronik aufgeopfert werden müßte.

Es ist aber darüber hinaus problematisch, der im Drehbuch deutlich werdenden Rigorosität des Autors gegen seine Hauptfigur zu folgen oder gar sie zu überbieten. Wird die Figur völlig eingeschwärzt und zu einseitig auf die Händlermentalität festgelegt, gerät sie leicht zum Typ des

14 Vgl. Müller (s. Anm. 2) S. 108.

schematisch Bösen. Aber nur wenn sie ihrer Widersprüche nicht beraubt wird, wenn in ihr mütterliche Sorge, geschäftliche Interessen und »menschliche Reaktionen« sich wechselseitig bedingen und miteinander streiten, bleibt sie eine dem kritischen Volksstück angemessene Figur.

Daß Brecht die Gattungsbezeichnung Volksstück nur zur Zeit der Entstehung von *Mutter Courage* verwendet und in der späteren Diskussion nicht wieder aufgreift, liegt wohl an der Dehnbarkeit eines Begriffs, den zudem die flachen Reproduktionen gängiger Schwankmuster kompromittieren. Im übrigen läßt das einzige Stück, dem Brecht die Bezeichnung vorbehalten hat, *Herr Puntila und sein Knecht Matti*, darauf schließen, daß für ihn auch Komödienelemente zum Volksstück gehören. Immerhin gibt es in *Mutter Courage* Ansätze dazu in der ironischen Dialogsprache, im Nebenbuhler-Verhältnis des Feldpredigers und des Feldkochs sowie in einer schon zur Karikatur neigenden Figur, in Yvettes Verehrer, dem »uralten Obristen« Poldi. Doch überschattet das Kriegsthema alle Spuren der Komödie.

Hierin unterscheidet sich Brechts Chronik, die wir dennoch – selbstverständlich ohne dogmatischen Anspruch – als kritisches Volksstück verstehen, von den Volksstücken Ödön von Horváths, dessen kleinbürgerliche Komödien nicht weniger mit der Idyllik traditioneller Volksstücke brechen wie Brechts Kleinbürger-Darstellungen. Trotz des Umschlags ins Unheimliche bleiben die Figuren Horváths, bleibt die Enthüllung der Boshaftigkeit und Grausamkeit hinter scheinbarer Gemütlichkeit komödienhaft. Wo Figur und Stoff nicht komödienfähig waren, gelangte das Stück über die fragmentarische Form nicht hinaus.[15]

Zu der vielfachen Irritation des Zuschauers, auf die in *Mutter Courage* die Songs angelegt sind, bieten Horváths Komödien nichts Vergleichbares. Dennoch wird in Hor-

---

15 Vgl. *Horváths »Lehrerin von Regensburg«. Der Fall Elly Maldaque*, dargest. und dok. von Jürgen Schröder, Frankfurt a. M. 1982 (suhrkamp taschenbuch materialien, 2014), S. 175.

váths wie in Brechts Umkehrung des traditionellen zum kritischen Volksstück eine Gemeinsamkeit erkennbar, die noch einen Kreis anderer Autoren mit einbezieht: aus den zwanziger Jahren Marie Luise Fleißer, Schülerin und zeitweilige Mitarbeiterin Brechts, aus den sechziger Jahren deren Schüler Rainer Werner Fassbinder, Franz Xaver Kroetz und Martin Sperr.

In Martin Sperrs *Koralle Meier* (1971) werden sogar – wie übrigens auch in Hartmut Baierls Komödie *Frau Flinz* (1961) – unmittelbare Reflexe der Mutter Courage sichtbar. Die zur Geschäftsfrau avancierte Dirne Koralle Meier gerät unter den Anpassungsdruck des nationalsozialistischen Terrors, der die Persönlichkeit mit abgefeimteren Mitteln bricht als der Krieg in Brechts Chronik aus dem 17. Jahrhundert. Doch ist andererseits diese Courage aus der Zeit des Hitlerregimes kinderlos, also wieder der Courasche Grimmelshausens angenähert und damit um die wesentliche Erweiterung Brechts beschnitten. Es wird schwer sein, die Komplexität der Brechtschen Figur und des Brechtschen Stückes wieder zu erreichen. Doch hat für ein kritisches Volksstück, das sich von seiner »Ästhetik der Widersprüche« (Jan Knopf) nichts abhandeln läßt, Brechts *Mutter Courage* nicht nur Maßstäbe, sondern auch Wegmarken gesetzt.

Literaturhinweise

Berger, Manfred: Gedanken zum Begriff der Verfremdung in der Theaterauffassung Bertolt Brechts. (Dargestellt am Stück *Mutter Courage und ihre Kinder.*) [Bernau] 1964.

Bergstedt, Alfred: Das dialektische Darstellungsprinzip des ›Nicht – Sondern‹ in Bertolt Brechts Stück *Mutter Courage und ihre Kinder.* In: Wiss. Zeitschrift Potsdam 9 (1965) S. 71–77.

Blau, Herbert: Brecht's *Mother Courage*: The Rite of War and the Rythm of Epic. In: Educational Theatre Journal 9 (March 1957) S. 1–10.

Boeddinghaus, Walter: Bestie Mensch in Brechts *Mutter Courage.* In: Acta Germanica 2 (1968) S. 81–88.

Bohnen, Klaus: ». . . schrieb ich mein Stück für Skandinavien.« Eine historisch-kritische Ausgabe von *Mutter Courage* und ein auf deutsch unveröffentlichter Kommentar Brechts zu seinem Stück. In: Text & Kontext 9 (1981) H. 1. S. 145–156.

Brown, Russel E.: Becoming a Mother in Bertolt Brecht's plays. In: R. E. B.: Intimacy and Intimidation. Three Essays on Bertolt Brecht. Stuttgart 1990. S. 11–78.

Bryant-Bertail, Sarah: Women, space, ideology, *Mutter Courage und ihre Kinder.* In: Brecht-Jahrbuch 12 (1983) S. 40–61.

Mutter Courage und ihre Kinder. Text, Aufführungen, Anmerkungen. Hrsg. von der Deutschen Akademie der Künste. [Umschlagtitel: Brecht: Courage-Modell 1949. Enth. jedoch den Text der Buchfassung und Fotos späterer Aufführungen.] Berlin 1958.

Brechts *Mutter Courage und ihre Kinder.* [Materialien.] Hrsg. von Klaus-Detlef Müller. Frankfurt a. M. 1982.

Dickinson, Keith A.: *Mutter Courage und ihre Kinder* (*Mother Courage and Her Children*). In: K. A. D.: Critical Essays on Bertolt Brecht. Compiled by Siegfried Mews. Boston (Mass.) 1989. S. 128–138.

Dumazeau, Henri: *Mère Courage.* Analyse critique. Paris 1972.

Eversberg, Gerd: Bertolt Brecht. *Mutter Courage und ihre Kinder.* Beispiel für Theorie und Praxis des epischen Theaters. Hollfeld i. Ofr. 1976.

Geißler, Rolf: *Mutter Courage und ihre Kinder.* In: Zur Interpretation des modernen Dramas. Brecht, Dürrenmatt, Frisch. Hrsg. von R. G. unter Mitarb. von Therese Poser und Wilhelm Ziskoven. Frankfurt a. M. / Berlin / München 1981. S. 24–39.

Hebel, Franz: Bert Brecht im Deutschunterricht der Oberstufe.

Mutter Courage und ihre Kinder. In: Pädagogische Provinz 11 (1957) S. 372–384.

Holthusen, Hans Egon: Bertolt Brecht: *Mutter Courage* – oder das Prinzip der nächsten Dinge. In: Das deutsche Drama vom Expressionismus bis zur Gegenwart. Hrsg. von Manfred Brauneck. Bamberg 1977. S. 180–188. [Erstdr. in: H. E. H.: Kritisches Verstehen. Neue Aufsätze zur Literatur. München 1961.]

Knight, Kenneth: *Simplicissimus und Mutter Courage.* In: Daphnis 5 (1976) S. 699–705.

Lehmann, Hans-Thies: »Asche in den Augen, Erde im Mund.« Zur Materialität des Imaginären. In: Alternative 24 (1981) H. 137. S. 105–113.

Lupi, Sergio: Il Dramma *Mutter Courage und ihre Kinder* di Bertolt Brecht. In: Studi Germanici 3 (1965) S. 39–80.

Luthardt, Theodor: Der Song als Schlüssel zur dramatischen Grundkonzeption in Bertolt Brechts *Mutter Courage und ihre Kinder.* In: Wiss. Zeitschrift Jena 7 (1957/58) S. 119–122.

Materialien zu Brechts *Mutter Courage und ihre Kinder.* Hrsg. von Werner Hecht. Frankfurt a. M. 1969 [u. ö.].

Mayer, Hans: Anmerkungen zu einer Szene aus *Mutter Courage.* In: Zu Bertolt Brecht. S. 140–144. [Erstdr. in: Theaterarbeit. S. 249–253. – Auch in: H. M.: Anmerkungen zu Brecht. Frankfurt a. M. 1971. S. 46–55.]

Mennemeier, Franz-Norbert: *Mutter Courage und ihre Kinder.* In: Zu Bertolt Brecht. S. 145–160. [Erstdr. in: Das deutsche Drama vom Barock bis zur Gegenwart. Hrsg. von Benno v. Wiese. Bd. 2. Düsseldorf 1958. S. 383–400.]

Obermayer, August: Die dramaturgische Funktion der Lieder in Brechts *Mutter Courage und ihre Kinder.* In: Festschrift für E[ric] W. Herd. Ed. by A. O. Dunedin (New Zealand). Otago 1980. S. 200–213.

Parmet, Simon: Die ursprüngliche Musik zu *Mutter Courage.* Meine Zusammenarbeit mit Brecht. In: Schweizerische Musikzeitung 97 (1957) S. 465–468.

Reisinger, Alfred: Bertolt Brechts *Mutter Courage und ihre Kinder.* Ein Beitrag zur Erkenntnis der ästhetischen Struktur des literarischen Kunstwerks. Diss. Wien 1974.

Schäfer, Walter E.: War der Weg über die Lieder ein Umweg? Bertolt Brecht: *Mutter Courage und ihre Kinder.* In: Wirkendes Wort 14 (1964) S. 407–413.

Stryjkowski, Julian: *Mutter Courage und ihre Kinder.* In: »Annähe-

rung und Distanz«. DDR-Literatur in der polnischen Literaturkritik. Hrsg. von Manfred Diersch und Hubert Orlowski. Halle/
Leipzig 1983. S. 142–148.

Szyrocki, Marian: *Mutter Courage* jüdisch. In: »Annäherung und
Distanz«. Ebd. S. 149–152.

Thiele, Dieter: Bertolt Brecht: *Mutter Courage und ihre Kinder.*
Frankfurt a. M. 1985.

Wölfel, Friedrich: Das Lied der Mutter Courage. In: Hirschenauer,
Rupert / Weber, Albrecht: Wege zum Gedicht. Bd. 2. München/
Zürich ⁷1968. S. 537–549.

Der gute Mensch von Sezuan

Von Gert Ueding

> Wir alle können nicht wissen, welche unbekannten Tiere durch die schreckliche Gewalt der Tatsachen in uns emporgerufen werden können, so wenig wir wissen, was wir im Falle eines Nervenfiebers reden oder tun würden. *Adalbert Stifter*

> Man glaubt ein Großes zu meinen, wenn man sagt, der Mensch sei gut, ein viel Größeres aber liegt in der Feststellung, der Mensch sei böse.
> *G. W. F. Hegel*

Notizen zur Werkgeschichte

Über die Entstehungsgeschichte des letzten großen Dramas, das wesentlich in Brechts skandinavischem Exil entstand und fertig wurde, sind wir inzwischen gut unterrichtet.[1] Es hatte schon eine lange Entwicklung durchgemacht, als Brecht am 6. Mai 1940 (gerade hatte er eine »kleine leere wohnung in tölö für einen monat ergattert«) in sein Arbeitsjournal schrieb: »wir zogen in der letzten april(woche) ein, und ich nahm die arbeit an *Der gute Mensch von Sezuan* ernstlich auf. das stück ist in berlin begonnen, in dänemark und schweden aufgenommen und beiseitegelegt worden. ich hoffe es hier fertigzubekommen.«[2] Der Berliner Entwurf, noch unter dem Titel »Die Ware Liebe«, entstand

---

1 Vgl. hierzu: *Materialien zu Brechts »Der gute Mensch von Sezuan«*, zusammengestellt von Werner Hecht, Frankfurt a. M. 1968. Vgl. auch: Jan Knopf, *Brecht-Handbuch*, Bd.: *Theater*, Stuttgart 1980, S. 201 ff.

2 *Bertolt Brechts Arbeitsjournal*, hrsg. von Werner Hecht, 3 Bde., Frankfurt a. M. 1973, S. 51 f.

Ende der zwanziger Jahre aus einer schon älteren Idee: »Fanny Kress oder der Huren einziger Freund« hatte das Stück heißen sollen. Das punctum saliens des *Guten Menschen von Sezuan*, die zeitweilige Verwandlung des guten in einen schlechten Menschen aus Nächstenliebe und Solidarität mit den Schicksalsgenossen, ist in jenem frühen Entwurf schon vorweggenommen. Anderer Provenienz ist der Einfall, drei Götter versucherisch auf Erden wandeln zu lassen; wir finden ihn erstmals verwirklicht in dem Gelegenheitsgedicht aus dem Jahre 1926 »Matinee in Dresden«: eine lyrische Revanche für allerlei Unbill, die der Autor zusammen mit Arnolt Bronnen und Alfred Döblin in der alten sächsischen Residenzstadt erfahren hatte.[3] Seit diesen Anfängen waren also fast anderthalb Jahrzehnte vergangen, als Brecht am 20. Juni 1940 erleichtert bemerkte: »im großen und ganzen fertig mit dem *Guten Menschen von Sezuan*. der stoff bot große schwierigkeiten, und mehrere versuche, ihn zu meistern, seit ich ihn vor etwa 10 jahren angriff, schlugen fehl.«[4] Doch das Feilen und Verbessern nahm dann noch mehr Zeit in Anspruch, als er vorausgesehen hatte, und erst Anfang des Jahres 1941 wird die Arbeit an dem Stück abgeschlossen. Da waren auch die Namen Shen Te und Shui Ta gefunden (vorher: Li Gung und Lao Go), »die gefahr der chinoiserie«[5] durch Zurücktreten der exotischen Momente (Opiumhandel) gebannt und schließlich die Lieder vom Rauch und vom achten Elefanten geschrieben.

In der Tat eine lange Entstehungsgeschichte, und erst Zug um Zug hat der Stoff die Konturen erhalten, die uns das fertige Stück heute zeigt. Sieht man von dem frühen Gelegenheitsgedicht ab, so steht am Anfang jene Handlungsskizze im Hurenmilieu, aus dem Fanny Kress durch die Verwandlung in einen Mann auszubrechen sucht; sie scheitert, weil

---

3 Vgl. Hans Mayer, »Gelegenheitsdichtung des jungen Brecht«, in: H. M., *Anmerkungen zu Brecht*, Frankfurt a. M. 1965.

4 *Arbeitsjournal* (s. Anm. 2) S. 66.

5 Ebd., S. 26.

ihre Schicksalsgenossinnen, denen sie helfen will, nur selbstsüchtig ihre eigenen Interessen verfolgen. In der zweiten Bearbeitungsphase erscheint die »Ware Liebe« dann schon als das besonders krasse Exempel kapitalistischer Ökonomie, die im Zur-Ware-Werden aller Menschen und Dinge kulminiert. 1939 verfolgt Brecht diese Idee weiter, und ihm schwebt »die Darstellung eines wirtschaftlichen Konkurrenzkampfes zwischen den ›Einzelhändlern‹ und dem Besitzer einer Tabakladenkette, zwischen Kleinbürger und ›Großbürger‹, Bourgeois, vor«.[6]

Erst im letzten, Anfang des Jahres 1940 beginnenden Arbeitsstadium wird das ökonomische Motiv durchsichtig für den Antagonismus zweier Klassen, für die Ausbeutung der Armen durch die Reichen und Shui Ta wird zu dem erfolgreichen Unternehmer, der in seiner Tabakwarenfabrik die Verwandten, Freunde und andere Leidensgenossen Shen Tes zu seinen Arbeitssklaven macht. Erst in dieser letzten Fassung meint Brecht seine wichtigste Absicht verwirklicht zu haben, »dem schematischen [auszuweichen]«:

li gung mußte ein mensch sein, damit sie ein guter mensch sein konnte. sie ist also nicht stereotyp gut, ganz gut, in jedem augenblick gut, auch als li gung nicht. und lao go ist nicht stereotyp böse usw. das ineinanderübergehen der beiden figuren, ihr ständiger zerfall usw. scheint nun halbwegs gelungen, das große experiment der götter, dem gebot der nächstenliebe das gebot der selbstliebe hinzuzufügen, dem ›du sollst zu andern gut sein‹ das ›du sollst zu dir selbst gut sein‹ mußte sich zugleich abheben von der fabel und sie doch beherrschen.[7]

Das Stück wurde erstmals 1953 im zwölften Heft der *Versuche* veröffentlicht.

---

6 Knopf (s. Anm. 1) S. 291. Meine Deutung verdankt Knopfs scharfsinniger Analyse viel, auch wenn ich zu ganz anderen Ergebnissen komme.
7 *Arbeitsjournal* (s. Anm. 2) S. 66 f.

Das Experiment der Götter

Die Vorstellung von Göttern oder Gottesboten, die zu den Menschen kommen, sie zu prüfen und zu wägen, ist alt: ob die zwei Engel, die gen Sodom kamen oder die fremden Gäste, die bei Philemon und Baucis einkehrten, sie kommen den Menschen zur Probe, als Kundschafter, die über das Experiment Mensch Rechenschaft verlangen. Sie sind, wie bei Brecht, Beobachter, die sich nicht einmischen, weil das den Sinn ihrer Aufgabe verkehren würde und der gerade darin besteht, die selbständige menschliche Leistung herauszufinden. Dabei, so lehrt schon die alttestamentarische Geschichte, kommt es nicht auf die große Zahl der Gerechten an, ob es fünfzig oder nur zehn sind, bedeutet gleichviel: »Ich will sie nicht verderben um der zehn willen.«[8] Solange es überhaupt möglich ist, Gerechte zu finden, solange ist der Ausgang des Experiments streng genommen noch nicht entschieden.

Die Götter in Brechts Stück wiederholen das große Experiment im kleinen. Das Experiment, das Mensch und Welt insgesamt darstellen, wird projiziert in den Versuch, den die Götter mit Shen Te anstellen, indem sie ihr jene Morgengabe von »über tausend Silberdollar« (185)[9] zukommen lassen, von denen sie sich dann drei Tage später den Tabakladen kauft. Ein im übrigen auch doppelsinnig zu verstehendes Geschenk, weshalb der erste Gott »verlegen« zu Shen Te bemerkt: »Sprich aber zu niemand darüber, daß wir bezahlten. Es könnte mißdeutet werden« (184). Von fern klingt hier noch das erotische Motiv an, das zum Thema des Götterbesuchs spätestens seit den antiken Mythen gehört,

---

8 1. Mose 18,33.
9 Der Dramentext wird zitiert nach: Bertolt Brecht, *Der gute Mensch von Sezuan*; *Werke*, Große kommentierte Berliner und Frankfurter Ausgabe, hrsg. von Werner Hecht, Jan Knopf, Werner Mittenzwei und Klaus-Detlef Müller, Bd. 6: *Stücke 6*, bearb. von Klaus-Detlef Müller, Berlin/Weimar/Frankfurt a. M. 1989, S. 175–281. – Nachweise (Seitenzahl dieses Bandes) erfolgen in Klammern unmittelbar hinter dem Zitat.

aber in anderen Kulturkreisen ebenso verbreitet ist. Goethe hat den Stoff in seiner Ballade »Der Gott und die Bajadere« (»er bequemt sich, hier zu wohnen, / Läßt sich alles selbst geschehn. / Soll er strafen oder schonen / Muß er Menschen menschlich sehn«[10]) einer indischen Legende entnommen.

In diesen alten, populären, auch in Märchen und Sagen verbreiteten Vorstellungen, die noch in säkularisierten Zeiten die kollektiven Tagträume der Menschen formten, sind zwei wichtige Voraussetzungen enthalten: daß ein Gott zwar der Schöpfer und Herr der Welt und des Menschen ist, beide dann aber sich selber überlassen hat, weshalb sie sich ihren verschiedenen, auch widersprüchlichen Möglichkeiten und Anlagen gemäß verwirklichen können; und daß der Mensch frei ist, sich seiner positiven oder negativen Anlagen gemäß zu entwickeln, und er daher die Verantwortung trägt für sein Tun und Sosein, also auch zur Verantwortung gezogen werden kann. In einem der berühmtesten deutschen Dramen stehen eben diese beiden Grundannahmen zur Diskussion: In Goethes *Faust* wird der Mensch ebenfalls als ein göttliches Experiment besichtigt, und der Prolog im Himmel, das Gespräch zwischen Mephistopheles und dem Herrn, konzentriert sich auf dieses Thema. Dem göttlichen Vertrauen in die Gottebenbildlichkeit des Menschen steht die teuflische Anthropologie gegenüber, für die Mephistopheles das sprechende Bild von den »langbeinigen Zikaden« gefunden hat: wie eine von ihnen, »die immer fliegt und fliegend springt / Und gleich im Gras ihr altes Liedchen singt«, erscheint ihm der Mensch, »der kleine Gott der Welt«.[11]

Freilich hat Goethe eine besondere Pointe für das überlieferte Modell gefunden. Mensch und Welt bleiben nicht sich selber überlassen, sie haben teil nicht nur am »Schein des Himmelslichts«, sondern auch der Abweg, der Irrtum, die Verworrenheit sind göttlichen Ursprungs. Ja, gerade sie

---

10 *Goethes Werke in 14 Bänden*, Hamburger Ausgabe, hrsg. von Erich Trunz, Hamburg 1948 ff., Bd. 1, S. 273.
11 Ebd., Bd. 3, S. 17.

– und das ist die dialektische Ironie des »Prologs im Himmel« – halten das Experiment nicht nur im Gange, sondern sind die Bedingung der Möglichkeit, daß es gut ausgeht: Der Herr zu Mephistopheles:

> Du darfst auch da nur frei *erscheinen*;
> Ich habe deinesgleichen nie gehaßt.
> Von allen Geistern, die verneinen,
> Ist mir der Schalk am wenigsten zur Last.
> Des Menschen Tätigkeit kann allzuleicht erschlaffen,
> Er liebt sich bald die unbedingte Ruh;
> Drum geb' ich gern ihm den Gesellen zu,
> Der reizt und wirkt und *muß* als Teufel schaffen.[12]

In einem sehr viel radikaleren Sinn, als bislang vermutet, steht Brechts *Guter Mensch* dem *Faust* entgegen: das Stück ist als Widerlegung des Goetheschen Dramas konzipiert und hat dafür einen hohen Preis zu entrichten. Brechts Absicht, das Gebot der Götter so von der Fabel abzuheben, daß es sie zugleich beherrscht, mußte mißlingen, weil ihm die ironische Perspektive versperrt war, die Goethes Prolog im Himmel bestimmt, nämlich die ironische Aufhebung des Antagonismus von Gut und Böse. Die Götter in Brechts Stück tendieren von Anfang an bloß zur farcenhaften Aufhebung ihrer selbst, und diese wird dann endgültig vollzogen, wenn sie am Schluß auf ihrer rosaroten Wolke entschweben. Indem ihr dramatischer Auftritt nichts anderes als die Fiktivität ihrer Existenz erweisen soll, fallen sie auch als Adressaten der Anklage und Verurteilung aus. Wenn sie aber als bloße Wunschprojektionen figurieren, denen in Wahrheit keine Realität zukommt, dann sind sie (und die Zwischenspiele legen es ja nahe) bloß träumerischer Schein in der Einbildung einiger Menschen, und nicht einmal der schlechtesten, wie das Stück zeigt.

Die Rede vom Experiment der Götter verliert damit allerdings ihre Verbindlichkeit und entpuppt sich ebenfalls als

12 Ebd., S. 18. Hervorhebungen von mir.

Einbildung – in unserem Falle von Shen Te und Wang: als
Produkt ihres naiven falschen Bewußtseins von der eigenen
sozialen und ökonomischen Lage. Die Götter wären dann
weder allegorische noch gar symbolische Verkörperungen
objektiver Mächte, sondern bloße Karikaturen der religiösen Deutungsversuche des menschlichen Daseins. Deshalb
wirkt die ganze Götterhandlung in dem Stück aufgesetzt,
als bloße ornamentale Zutat, der keine substanzielle Bedeutung zukommt, von einer regulativen Wirksamkeit, wie
Brecht vorsah, ganz zu schweigen. Die Eigenständigkeit,
welche die drei Götter entwickeln, beschränkt sich darauf,
daß sie ganz verschiedene Charaktere zeigen: der erste vertritt die Autoritätsfunktion, der zweite erscheint als seine
aufgeklärte Version, und der dritte schließlich tritt als Anwalt menschlicher Interessen auf;[13] daß sie nicht bloß als
Traumfiguren Wangs, sondern auch auf der Realitätsebene
des Stücks als dramatische Personen gleich den übrigen vorkommen und in der Schlußszene gar in die Richterrolle
schlüpfen, dieses individuelle Leben verdanken sie nur der
dramaturgischen Notwendigkeit; dem entspricht, anders als
bei allen anderen Figuren, in der pragmatischen Wirklichkeit, deren Gleichnis das Stück geben will, nichts. Allein
die Traumexistenz der Götter hätte außerhalb der Bühne
ihr Äquivalent, eben als mehr oder weniger verblasene
Wunschvorstellung im Kopfe des homo religiosus.

Die Folgen für die innere, geistige Struktur der Haupthandlung, der dramatischen Fabel von der zeitweiligen Verwandlung des guten in einen bösen Menschen, sind denkbar
groß. Shen Te, der die Interpreten einhellig die Plastizität
und Menschlichkeit einer Courage und Grusche nachrüh-
men, verflüchtigt sich, ihrer Funktion nach, nun zum blo-
ßen Idol, das sich eigentlich Shui Ta geschaffen hat, um
damit die eigenen Machenschaften zu bemänteln – nicht
umgekehrt, wie es das Stück aus didaktischer Verfrem-

---

13 Vgl. Hans Pabst, *Brecht und die Religion*, Graz/Wien/Köln 1977, S. 140.

dungsabsicht zu suggerieren scheint. Shen Te (und partiell auch der Wasserträger Wang) befindet sich in derselben Sphäre der Zweideutigkeit wie die ihr eben daher nicht grundlos gewogenen Götter: Sie ist ein Schemen, und es gibt außerhalb der Bühne nichts, worauf sie verweisen könnte, als der wesenlose Anschein von Güte und Menschlichkeit als Bemäntelung des unmenschlichen Geschäfts. Die Shin und ihre Schar vermuten keineswegs grundlos, daß Shen Tes betont selbstlose Haltung unreinen Motiven entspringt; sehr viel vernünftiger könne sie sich verhalten, »wenn man sich nicht immer als Wohltäterin aufspielen müßte« (187). Für Herrn Shu Fu wird sie gerade aus diesem Grunde interessant, der »Engel der Vorstädte« (227) käme ihm gerade recht als makelloses Aushängeschild für seine Unternehmungen. Shen Te wird damit aber, genau besehen, zur Verkörperung jenes bürgerlichen Dranges, der sich in Wohltätigkeitsbasaren, Armenspenden und karitativer Freizeitgestaltung äußert, die propagandistische Kehrseite kapitalistischer Wirtschaft, nicht etwa ihr Widerpart. Womit sich nun auch der Kern der dramatischen Fabel als ein Scheinkonflikt herausstellt und es statt der zunächst erwarteten Widersprüche lauter Tautologien gibt.

Der gute und der böse Mensch

Von dem Verwandlungsspiel mit Shen Te und Shui Ta gehen die wichtigsten theatralischen Reize des Stückes aus, und Brecht benutzt auch einige der überlieferten Motive der europäischen Typenkomödie ganz bewußt als eine Art Antidot gegen den befürchteten Schematismus:[14] die zweideutige Situation, in der sich die Götter in Shen Tes Kammer befinden, die Hosenrolle der Hauptfigur, das zu allerlei Verwechslungen Anlaß gebende Kleiderbündel, die ganze gro-

---

14 Vgl. Walter Hinck, *Die Dramaturgie des späten Brecht*, Göttingen 1959, S. 67 f.

teske Szenerie in dem engen und überfüllten Tabakladen, bei der Hochzeitsfeier, im Gerichtssaal. Läßt man sich zunächst einmal ganz auf die eigene Welt ein, die dieses Stück darstellt, so scheint sie sich auch wirklich in komödiantischem Wesen zu erschöpfen. Die dramatischen Personen sind Typen, bei denen ein bestimmter Hauptzug fast mechanisch die Handlungen bestimmt. Nachdem sich Shen Te, die gute und selbstlose Kurtisane der literarischen Tradition, den Tabakladen gekauft hat, hofft sie, »jetzt viel Gutes tun zu können« (185). Diese Absicht wird nun aber gerade von denjenigen vereitelt, denen sie helfen will. Von Frau Shin, der ehemaligen Besitzerin des Ladens, wurde sie schon beim Kauf betrogen, nun kommt diese noch, um sich den Reis für ihre Familie zu erbetteln. Shen Tes Freigebigkeit hat sich kaum herumgesprochen, da fallen schon die Bedürftigen ein wie ein Schwarm Heuschrecken: der achtköpfige Clan ihrer ehemaligen Wirtsleute, ein Schreiner, ein stellungsloser Flieger, seine Mutter. Heruntergekommen sind sie alle, aber auch verschlagen, rücksichtslos, selbstsüchtig. Durch ihre Verkleidungen sind noch gut die stehenden Rollen des verschmähten Liebhabers, der Liebhaberin, des Wirts, des liebestollen Alten, der bramabarsierenden Dienerin sichtbar. Ihnen ist Shen Te hilflos ausgeliefert, weil auch sie in ihren Handlungen nur ganz mechanisch dem Grundzug ihres Typus folgen kann.

> Als mein bißchen Geld ausging, hatten sie mich auf die
> Straße gesetzt. Sie fürchten vielleicht, daß ich jetzt nein
> sage. Sie sind arm.
> Sie sind ohne Obdach.
> Sie sind ohne Freunde.
> Sie brauchen jemand.
> Wie könnte man da nein sagen.   (186)

Die zwanghafte Konsequenz der Begründung zeigt, daß ihre Güte nicht aus freiem Entschluß, sondern automatisch erfolgt. »Sie kann nicht nein sagen!« (187)   Wie sollte sie auch, ebensowenig wie der Geizige plötzlich großzügig, der Verschwender mit einem Male sparsam werden kann. Sie alle handeln typisch, nicht individuell zwiespältig, und es ist ganz folgerichtig, wenn Brecht im vorletzten Stadium seiner Arbeit an dem Stück auch die Erfindung des Vetters nicht mehr wie zuvor dem »guten Menschen« zuschreibt, sondern aus dem Einfall der ungebetenen, so rücksichtslosen wie verschlagenen Gäste hervorgehen läßt,[15] so daß mit den Kleidern auch restlos der Charakter ausgetauscht wird, eine ganz aus dem Geist der alten Komödie lebende Verwandlung, die keiner psychologischen Beglaubigung bedarf.

Das Experiment der Götter, wenn man unter den immanenten Voraussetzungen der Fabel überhaupt davon sprechen will, ist spätestens in dem Augenblick gescheitert, da Shen Te der Anregung ihrer alten Wirtsleute folgend »*langsam mit niedergeschlagenen Augen*« nachspricht: »Ich habe einen Vetter« (190). Die Exposition Shui Tas ist vollzogen, nun tritt der Typus des guten, hilfsbereiten Menschen ab und macht dem Typus des bösen, hartherzigen Menschen Platz. Der Wechsel vollzieht sich so übergangslos wie in irgendeinem früheren Schönbartspiel der Maskentausch. Auch dies wird von Brecht bewußt als Kunstmittel eingesetzt: »Das Lied von der Wehrlosigkeit der Götter und der Guten« singt Shen Te mit Maske und Anzug des Shui Ta in ihren Händen.

> In unserem Lande,
> Braucht der Nützliche Glück. Nur
> Wenn er starke Helfer findet
> Kann er sich nützlich erweisen.
> Die Guten
> Können sich nicht helfen, und die Götter
>   sind machtlos.   (220)

Shen Te hat nicht wie Faust einen Pakt mit dem Bösen abgeschlossen, um der (fast ebenfalls in Form einer Wette aus-

15 Vgl. *Materialien* (s. Anm. 1) S. 44 f.

gedrückten) Erwartung der Götter zu entsprechen, die auch
in Brechts Stück im Prolog formuliert wird. Sie tritt ab, weil
der kompromißlos gute Mensch in schlechten Verhältnissen
scheitern muß, und der böse Mensch tritt auf, weil nur er
dem Leben gewachsen ist. Der Gute, so lautet das fabula
docet schon an dieser Stelle, muß sich die Maske des Bösen
überziehen, wenn er überleben will. Mehr als die Hälfte des
Stücks gilt der Demonstration dieser Einsicht, die sich nicht
mehr verändert, sondern nur noch durch die verschiedenen
Exempelfälle bekräftigt wird bis hin zu der bitteren Erkenntnis, daß auch die Liebe bloß der schöne äußere Schein
eines Ausnutzungsverhältnisses ist, in dem wiederum das
Gute dem Bösen Platz machen muß, will es überleben. Die
schmählich verunglückte Hochzeitsfeier in einer düsteren
Spelunke, die deshalb zu einem Desaster wird, weil diesmal
der Vetter Shui Ta nicht erscheinen *kann*, gehört zu den
szenischen Höhepunkten des Stückes, das nicht nur die
Formen und Mittel der alten Komödie adaptiert, sondern
auch mit ihnen spielt und sie zwanglos mit ganz modernen
Kunstgriffen (Heraustreten aus der Rolle, Hinwendung
zum Publikum, Erzählung an der Rampe) kombiniert, am
auffallendsten wohl im Auftritt der Frau Yang, dem szenischen Bericht vom Aufstieg Yang Suns in der Tabakfabrik,
der »die Funktion eines bekannten Verfahrens [hat], mit
dessen Hilfe im Film Begebenheiten aus der Vergangenheit
oder Erinnerungen wiedergegeben werden«, wie ein Inter-
pret etwas umständlich erläutert,[16] gemeint ist die Großauf-
nahme mit anschließender Rückblende.

Doch auch wenn wir uns den immanenten Spielregeln des
Stückes beugen, in seinen burlesken, komödiantischen, farcenhaften Zügen einen Hauptreiz erblicken und im Verwandlungsspiel der Protagonistin einen Typenaustausch im
Stil etwa der commedia dell'arte wiedererkennen, so erschöpft sich doch ganz ersichtlich die Bedeutung nicht in

16 Ilja Fradkin, *Bertolt Brecht. Weg und Methode*, Frankfurt a. M. 1974.

den theatralischen Mitteln, mit denen sie in Szene gesetzt werden soll. Was aber geschieht eigentlich mit dem Guten in der Maske des Bösen, was mit Shen Te durch Shui Ta? Ist es richtig, hier von einer »Dialektik von Gut und Böse«[17] zu sprechen, erschöpft sich die Bedeutung dieser artistischen typenhaften Persönlichkeitsspaltung in der Spaltung des bürgerlichen Menschen in eine berufliche und eine private Hälfte?[18] Wenn man diesen Fragen nachgeht, stößt man schnell an die Grenzen des von Brecht benutzten Modells. Mit ihm war zuallerletzt Goethes *Faust* zu widerlegen und der Versuch, das von ihm gestellte Problem zu radikalisieren, indem man es (auch der didaktischen Zielsetzung des epischen Theaters gemäß) typisiert, bedeutete Vereinfachung und Schematisierung unter Preisgabe der Dialektik. In Goethes Drama ist das Böse ein Teil vom Geist der Verneinung, der das Böse will und doch das Gute schafft; in ihm wirkt die Kraft der Negativität und des Widerspruchs, der die Wurzel aller Bewegung und Lebendigkeit ist. Durch immer krisenhaftere Situationen wird so das Faustgeschehen fort- und höhergetrieben.

In Brechts Stück ist dagegen ein ›Zustand‹ beschrieben oder vielmehr: der Zustand selber ist dieses Stück. Es geschieht nichts außer der dauernden Wiederholung des Gleichen, der Demonstration nämlich von der Unverträglichkeit, ja von dem Antagonismus von Gut und Böse, von schlechten Verhältnissen und ethisch einwandfreiem Verhalten. Bis zu dem sich lange hinauszögernden Epilog gibt es keine Entwicklung, keine dramatische Steigerung, kein dialektisches Umschlagen, das eine Situation in einem neuen höheren Stadium aufhöbe, das wieder nur Durchgang wäre, weil es den Keim der Verneinung als die eigene Begrenzung bereits in sich trägt. Weder Shen Te noch Shui Ta, beide einmal als selbständige dramatische Personen genommen, noch auch die aus beiden Komponenten sich vir-

17 Ebd., S. 212.
18 Knopf (s. Anm. 1) S. 206.

tuell zusammensetzende Figur machen von dem Augenblick an, da die Idee des Vetters geboren und akzeptiert wurde, noch irgendeine Entwicklung durch. Der Schematismus, den Brecht in diesem Stück fürchtete und bekämpfte, wurde zwar dadurch gemildert, daß die »moralischen prästationen« nicht nur sozial motiviert, sondern auch »einem besonderen vermögen (besonderem Talent, besonderer veranlagung) zugeschrieben«[19], also jeweils in der unterschiedlichen Typik Shen Tes und Shui Tas verankert wurden, aber aufgehoben ist er dadurch nicht, da er mit der Grundidee des Stückes vorgegeben ist. Das Böse hat keine andere Funktion, als das Gute zu widerlegen. Der realistische, skrupellose, seine Empfindungen beherrschende Geschäftsmann Shui Ta bleibt die abstrakte Antithese zur gutmütigen, idealistischen, weichen Shen Te. Diese Statik läßt sich bis in die Struktur der einzelnen Szenen hinein verfolgen, deren emotionale Wirkung auf dem Effekt des Genrebildes beruht, den Dolf Sternberger so anschaulich beschrieben hat. Ja, man kann sagen, auch in der »Gleichniswelt des ›Guten Menschen von Sezuan‹« (Walter Jens)[20] sind die menschlichen Beziehungen »wie ein Getümmel von Genreszenen. Güte und Bosheit, Schönheit und inneres Leiden, Unschuld und Grausamkeit werden im Unmaß auf allen Gassen angetroffen, beweint, beseufzt, verflucht.«[21] Die an den Widerständen ihrer Welt verzweifelnde Shen Te, ihre Rolle als »Engel der Vorstädte« (227), das Liebesglück unter dem Weidenbaum im verregneten Stadtpark, der Verzweiflungsmut der Mutter (»So werde ich / Wenigstens das meine verteidigen und müßte ich / Zum Tiger werden«, 249), das alles sind Standardmotive in der Tradition der Genrekunst, einige gehören sogar zu deren beliebtesten Sujets. »Niemand«, so bemerkt Sternberger, »vermochte etwa

19 *Arbeitsjournal* (s. Anm. 2) S. 67.
20 Walter Jens, *Statt einer Literaturgeschichte*, Pfullingen ⁵1963, S. 256.
21 Dolf Sternberger, *Panorama oder Ansichten vom 19. Jahrhundert*, Frankfurt a. M. 1974, S. 61.

›Mutterliebe‹ zu denken, ohne im Geiste die Mutter vor sich
zu sehen, die soeben im Begriffe steht, ihr Kind vor irgendeinem rohen Zugriff zu schützen«.[22]

Der gute Mensch von Sezuan ist nach Art eines Bilderbogens konstruiert, eine Folge erstarrter Momente, in denen
auch die Zeit zum Stillstand gekommen ist. Die Zeigeme-
thode des epischen Theaters ist dieser künstlerischen Form
durchaus angemessen, unterstützt sie sogar wirkungskräf-
tig. Indem die Figuren immer wieder aus dem szenischen
Bilde (ein ›lebendes Bild‹ nannte man so etwas im 18. und
19. Jahrhundert) und vor das Publikum treten, weisen sie
auf die Bühnendarstellung als eine Illustration, und ihr
Kommentar legt ihre rationale Bedeutung und Nutzanwen-
dung bloß, ohne daß das Bild dadurch etwa seine emotionale Wirkung verlöre. Sie bleibt als Appell an die Gefühle
der Zuschauer erhalten und öffnet der Erkenntnis die Verbindung zum Willen. Die Bilderbuchszenen von Leid und
Unterdrückung, von Hunger und elender Fabrikarbeit spe-
kulieren auf den »denkenden, gerührten, empörten, begieri-
gen Dritten«[23], den Zuschauer also, der sich von ihnen gei-
stig herausgefordert und zur emotionalen Reaktion ange-
stoßen sieht. Und war Genre im 19. Jahrhundert die Form,
»in der die ›menschlichen Werte‹ gehandelt werden, in der
Gut und Böse ihr verwirrtes Scheinleben führen«,[24] so benutzt es Brecht als Demonstrationsmittel für die menschliche Selbstentfremdung, die dieses Scheinleben erst hervor-
bringt. Denn ein Scheinleben führen auch der gute und der
böse Mensch von Sezuan, und Brecht will gerade zeigen,
daß ein anderes als dieses sich unter den Lebensverhältnis-
sen nicht verwirklichen läßt. Das ist der eigentliche Lehr-
satz, den das Stück seinem Zuschauer oder Leser in immer
neuen fabelhaften Verkleidungen sinnfällig vor Augen und
Gedanken führen soll. Das geht nicht ohne den Verlust

22 Ebd., S. 61.
23 Ebd.
24 Ebd., S. 61 f.

dramatischer Substanz ab. Denn Gut und Böse werden natürlich ebenfalls als austauschbare Werte gehandelt, die sich automatisch gemäß dem sozialen und ökonomischen Funktionswechsel ändern. Sie sind damit eigentlich gar nicht aufeinander bezogen, sondern nur über die Warenwelt vermittelt. Von produktivem Widerspruch nach Art des klassischen Dramas ist hier also nicht zu reden, aber auch nicht einmal von der Spannung eines unüberwindlichen Gegensatzes. Er ist jederzeit zu überwinden, nämlich in Form eines Geschäfts, einer Transaktion. Damit verliert der gute Mensch nun gänzlich den Boden unter den Füßen; seine Gutheit bedeutet nicht einmal mehr anachronistisches Relikt oder Vorschein und Imperativ einer künftigen guten Welt. Shen Te und Shui Ta sind Moralmasken der menschlichen Existenz unter den Bedingungen Sezuans. Das Weltbild, das Brechts Stück damit aber – gewollt oder ungewollt – vermittelt, ist somit allerdings ein Ensemble geschlossener, unverrückbarer Verhältnisse.

Denn wie, muß man nun fragen, läßt sich Sezuan überhaupt verändern, in welche Richtung sollte diese Veränderung gehen, wenn sie sich nicht mehr am »guten Menschen« orientieren kann? Anders formuliert: ist überhaupt ein moralisches Verhältnis zu der Lebenswirklichkeit Sezuans denkbar, das über das eines Warenwerts hinausginge, oder ist der jesuitische Relativismus von der Heiligung des individuellen Mittel durch den guten sozialen, revolutionären Zweck der einzige Ausweg aus dem Dilemma? Tatsächlich entspricht der ganz undialektischen und bloß ideologiekritischen Auffassung von Gut und Böse in der Verkörperung der Masken Shen Te und Shui Ta auch ein statisches Wirklichkeitsmodell auf der Bühne. Die Realität erscheint in ihrer moralisch unqualifizierbaren Ambivalenz einer Warenwelt als tote Objektivität, nicht als dialektischer Realprozeß, in dem das Negative ebenso seinen Platz hätte, wie ihn im menschlichen Leben das Böse hat. In der Falschheit Sezuans kann es daher kein auch nur annähernd richtiges

Verhalten geben. Sezuan widerlegt auch nicht die Moral der
alten Götter, sondern löst sie auf als bloßes falsches Bewußtsein. Auf die Frage nach einer neuen Moral und der
Bedingung ihrer Möglichkeit wird man vergebens eine Antwort suchen. Shen Tes Hilferuf zum Schluß des Stückes
(278) wirkt nun nicht mehr so sehr als Ausdruck ihrer eigenen Ratlosigkeit und Not, sondern als die Quintessenz des
Stückes selber, Zeichen der Ausweglosigkeit, in die es aufgrund seiner gedanklichen Voraussetzungen geraten mußte.

Die Unbewohnbarkeit der Welt

Brecht mochte gerade in dieser Verfassung des Sezuan-
Stoffes auch eine angemessene Reflexion der zeitgeschichtlichen Bedingungen erblicken, unter denen er den alten
Dramenentwurf wieder aufgegriffen und schließlich ausgeführt hat. Ausweglos konnte sicher auch ihm, der einen
Zusammenbruch erlitten hatte, als er Schweden verließ,
immer wieder einmal die eigene Lage erscheinen. Am
19. März 1940, gerade noch in Schweden, überdenkt er
»eine kleine epische arbeit« in der Art des *Candide* oder
des *Gulliver*. »herr keuner befürchtet, daß die welt unbewohnbar werden könnte, wenn allzu große verbrechen
oder allzu große tugenden erforderlich sind, damit der
mensch seinen lebensunterhalt verdienen kann. So flieht
herr keuner von einem land zum andern, da überall zuviel
von ihm verlangt wird, sei es nun opferwille oder tapferkeit oder klugheit oder freiheitswille oder gerechtigkeits-
durst, sei es grausamkeit, betrug usw. alle diese länder sind
unbewohnbar.«[25] Die Eintragung liest sich wie ein Kommentar zu dem gerade entstehenden Stück vom *Guten
Menschen*, besonders natürlich zu seiner Nebenhandlung,
die jetzt eine neue Dimension gewinnen könnte, betrachtet

25 *Arbeitsjournal* (s. Anm. 2) S. 48.

man sie einmal nicht unter dem Aspekt der Religionskritik.
Die Götter als Flüchtlinge von Land zu Land – in einer solchen Deutung wären wir nicht nur der Lebenswirklichkeit
des Autors, sondern auch jenem frühen Gelegenheitsgedicht
wieder nahe, in dem Brecht schon einmal eigene Erfahrungen satirisch in göttliche Sphären projiziert hatte.

Im Disput der drei Götter vor der Gerichtsszene wird
das Grundproblem des Stückes nochmals in seiner ganzen
Schärfe aufgegriffen. Aber was wie das Eingeständnis ihres
eigenen Scheiterns wirken könnte, ist doch nur eine prä-
zis zugespitzte Beschreibung der von allen Personen des
Stückes gleichermaßen erfahrenen Lage.

> DER DRITTE GOTT. Ach, Wasserverkäufer, unsere Ge-
> bote scheinen tödlich zu sein! Ich fürchte, es muß alles
> gestrichen werden, was wir an sittlichen Vorschriften
> aufgestellt haben. Die Leute haben genug zu tun, nur
> das nackte Leben zu retten. Gute Vorsätze bringen sie
> an den Rand des Abgrunds, gute Taten stürzen sie
> hinab. *(Zu den beiden andern Göttern.)* Die Welt ist
> unbewohnbar, ihr müßt es einsehen!
> DER ERSTE GOTT *(heftig)*. Nein, die Menschen sind
> nichts wert!
> DER DRITTE GOTT. Weil die Welt zu kalt ist.
> DER ZWEITE GOTT. Weil die Menschen zu schwach
> sind!   (268 f.)

Der Akzent des Gesprächs liegt hier ersichtlich nicht auf
der Selbstentlarvung der Götter, das macht schon ihr
Sprachgebrauch deutlich. Dem dritten Gott legt Brecht eines seiner, nicht nur in diesem Stück herausragenden Bild-
motive in den Mund: die Rede von der Kälte der Welt. Und
wirklich vertritt jeder der drei Götter hier eine seiner besonderen Auffassungsart und seinem Charakter entsprechende Theorie über die Ursachen der auf ihrer Wander-
schaft in und außerhalb Sezuans gemachten Erfahrungen:
die göttlichen Gesetze, die Welt, die Menschen sind Ursa-

chen der unbestreitbaren Misere. Über nur eine dieser Begründungen wird im Laufe der Handlung zweifelsfrei Einverständnis hergestellt. Am Ende ihrer letzten Erscheinung im Traum des Wasserverkäufers beschwört der erste, besonders um Autorität und Würde bemühte Gott seine Gefährten, doch nicht zu verzweifeln.

> Einen haben wir doch gefunden, der gut war und nicht
> schlecht geworden ist, und er ist nur verschwunden.
> Eilen wir, ihn zu finden. Einer genügt. Haben wir nicht
> gesagt, daß alles noch gut werden kann, wenn nur einer
> sich findet, der diese Welt aushält, nur einer!   (269)

Die folgende Gerichtsszene ist vieldeutig. Auf der ersten Bedeutungsebene erweist sich darin der Wunsch der Götter, einen guten Menschen zu finden, als haltlos und unerfüllbar, ihre Ermittlung fördert nur Shui Ta zutage. Nachdem der Angeklagte sich als die maskierte Shen Te herausgestellt und der erste Gott dies mit dem freudigen Ausruf: »Der gute Mensch, von dem alle nur Gutes berichtet haben!«, quittiert hat, antwortet die vermeintlich Identifizierte: »Nein, auch der böse!« Gerichtet wurden also in Wahrheit (die zweite Bedeutungsebene) die Richter; die Rollen haben sich vertauscht. »Euer einstiger Befehl / Gut zu sein und doch zu leben / Zerriß mich wie ein Blitz in zwei Hälften« (275). Am Ende steht die von den Göttern zwar verleugnete, aber unumstößliche Wahrheit: »Für Eure großen Pläne, ihr Götter / War ich armer Mensch zu klein« (276). Und die Reaktion der Götter? In ihren Mund legt Brecht die entscheidenden Fragen, die das Stück offen läßt; sie fungieren, und das ist die dritte Bedeutung der Szene, als Lautsprecher der Ratlosigkeit, die nicht nur sie befallen hat, sondern die auch der Sinn des Stückes ist und die seinen Autor umgetrieben hat.

DER ERSTE GOTT *(heftig).* Verwirrtes, sehr Verwirrtes! Unglaubliches, sehr Unglaubliches! Sollen wir eingestehen, daß unsere Gebote tödlich sind? Sollen wir

verzichten auf unsere Gebote? *(Verbissen.)* Niemals!
Soll die Welt verändert werden? Wie? Von wem?
(276)

Es sind provozierende Fragen, und sie werden nicht dadurch schon erledigt, daß der, der sie stellt, sich zuvor hoff-
nungslos desavouiert hat. »Soll die Welt geändert werden?
Wie? Von wem?« – richtet man diese Fragen wie einen
Scheinwerfer zurück auf das vergangene Schauspiel, so bleiben sie genauso unbeantwortet wie an dieser Stelle. Die Un-
ternommenen sind so schlecht, bösartig, selbstsüchtig wie
die Unternehmer. Als die im Gerichtssaal Versammelten
den Angeklagten mit der Frage, warum denn Shen Te ver-
reisen mußte, immer mehr bedrängen, antwortet Shui Ta
schreiend: »Weil ihr sie sonst zerrissen hättet!« (274) Die
Personen durchziehen das Stück wie ein Larvenzug aller negativen menschlichen Eigenschaften, ein lebender Lasterka-
talog: Trägheit, Stolz, Zorn, Völlerei, Unzucht, Habsucht,
Neid, hinzu kommen Käuflichkeit und Bestechlichkeit,
schrankenlose Selbstsucht und Lieblosigkeit, Heuchelei und
Uneinsichtigkeit. Nur zwei Figuren heben sich, wenn auch
ebenfalls typenhaft, von diesem düsteren Hintergrund ab,
es sind paradoxerweise die beiden einzigen Gläubigen, diejenigen also, die die Götter überhaupt bemerken, sie ehren
(Wang), ihnen ein Obdach geben (Shen Te), und die ihnen
bis zum Schluß die Treue halten.

Nicht nur die Unmenschlichkeit der göttlichen Gesetze
demonstriert die Parabelfigur des guten Menschen, sie ist
auch das Produkt der Unmenschlichkeit aller Unterdrückten und Elenden, die im Stück auftauchen. Nach oben, zu
den Göttern, wie zugleich nach unten zu den Armen hin
wendet sich Shen Te / Shui Ta mit seinem Bilde vom gespaltenen, zerrissenen Menschen. Unbewohnbar wurde die
Welt auch durch die Menschen, und nicht allein die Reichen
vom Schlage des Barbiers Shu Fu, auch die von ihm Ausge-
nutzten und Unterdrückten sind damit gemeint. Es gibt

kaum ein anderes Stück von Bertolt Brecht, das eine so klare Absage an jede Verherrlichung des Arbeiters, an Proletkult und dergleichen sozialistische Idolatrien enthält wie *Der gute Mensch von Sezuan*. Kaum ein anderes beleuchtet auch so illusionslos und skeptisch die menschlichen Bedingungen für die Möglichkeit einer revolutionären Veränderung der Welt. Nicht nur die Götter werden in diesem Stück mit der Wahrheit, ihrer Wahrheit konfrontiert, sondern – durch sie – begegnet auch der Marxismus seiner eigenen spezifischen Wahrheit, daß nämlich das Subjekt der Veränderung und Umwälzung fehlt, oder vielmehr: daß seine lebendige Gestalt den theoretischen Voraussagen nicht gleicht. Auch auf dieser Ebene zieht das Stück die Konsequenzen aus den zeitgeschichtlichen Erfahrungen seines Autors, vor allem aus der Rolle des deutschen Proletariats unter dem Nationalsozialismus. So wenig wie es die objektiv zur Aufhebung drängenden Momente in der schlechten Welt aufzeigt, weil es sie ihrer statischen, undialektischen Auffassung nach nicht geben kann, ebenso wenig präsentiert es das Subjekt dieser Aufhebung. So bleibt, nachdem sich die göttlichen Gesetze als zu abstrakt und daher untauglich erwiesen haben, nur noch das Gesetz des *homo homini lupus* zurück, das Gesetz der praktischen Vernunft aller, die in diesem Stück auftreten. Und so offenbart sich der »Engel der Vorstädte« auch als Racheengel *über* die Vorstädte und ihre Bewohner, sogar einschließlich des Wasserträgers Wang, der Shen Te einst ebenso selbstsüchtig bedrängt hatte wie alle anderen, als er nämlich Sühne für seine verkrüppelte Hand erreichen wollte, aber selber nicht erlangen konnte.

Unvermittelt, abstrakt oder besser: bloß virtuell steht der schlechten Gleichniswelt Sezuans, ihrer Kälte und Gottverlassenheit das Reich der Freiheit und Freundlichkeit (208) gegenüber; es ist das ganz Andere, es liegt zwar nicht im Jenseits des alten Götterglaubens, doch jenseits der Grenzen Sezuans, ein fernes Fernziel, zu dem die Zwischenglieder und Nahziele fehlen. Angesicht dieser Voraussetzungen des Stückes wäre revolutionäre Veränderung auch nicht als Vollendung der Geschichte möglich, sondern allenfalls als schroffer Bruch mit der Geschichte. So zeigt sich spätestens an dieser Stelle, daß dem *Guten Menschen von Sezuan*, ungeachtet aller atheistischen Proklamationen, ein religiöses Denkmodell zugrunde liegt: die Erwartung einer neuen Welt und ihre voraussetzungslose Konstruktion als die völlig andere Welt, zu der es aus dieser schlechtesten aller möglichen keine Brücke zu schlagen gibt. Ein weiteres Mal rächt sich der Schematismus der dem Stück zugrunde liegenden dramatischen Fabel: Sie hat eine völlige Suspension der Geschichte bewirkt, weil sie das Primat der Zeit zugunsten des Raumes aufgegeben hat.

Daher und nicht allein wegen der antiaristotelischen Gesinnung des Autors hat die dramatische Gesamtkonzeption auch so wenig Ähnlichkeit mit der Tradition des neuzeitlichen Dramas und so viel gemeinsam mit den religiösen Schauspielen etwa nach Art der englischen Moralitäten. Wie in deren wohl berühmtestem Exempel, *The Castle of Perseverance* aus dem 15. Jahrhundert, der Mensch Humanum Genus von seinen zwei Genien, dem guten und dem bösen Engel begleitet wird, abwechselnd der schlechten Welt erliegt und dem göttlichen Einfluß nachgeht und nur durch Buße und Gnade dennoch in die Burg der Beständigkeit gelangt, so agiert auch Shen Te im Spannungsfeld der Mächte mal nach dieser, mal nach jener Seite, und am Ende steht die Erkenntnis von der unvermeidlichen unheilvollen Verstrickung in die Sündhaftigkeit der bürgerlich-kapitalistischen Welt; von dem göttlichen Gericht, dessen Allegorisierung auch meist den Abschluß des alten religiösen Dramas bildete, kann sie nichts erwarten, die Gnade bleibt aus, die Götter verflüchtigen sich in den Nebel menschlicher Wunschprojektionen. »Vorschwebte uns: die goldene Legende« (278), bekräftigt der Epilogsprecher, eine goldene ist es nicht geworden, eine Legende gleichwohl geblieben. Sie rückt das Stück noch in eine andere Konstellation.

Denn das Modell der Suche nach einer neuen Welt, einem irdischen Paradies mit – im emphatischen Sinne – menschlichen Verhältnissen, und das Motiv des Reisenden, der dorthin unterwegs ist, kennen wir aus den geographischen Utopien. Im Staatsroman des Thomas Morus geht der Schilderung utopischer Verhältnisse ein rechts- und sozialphilosophischer Dialog voraus, der auch einer Art Sezuan gilt, dem England Heinrichs VIII. In Brechts Stück fehlt das positive Gegenbild, es hat sich endgültig ins Nirgendwo (wie ja die wörtliche Übersetzung des Inselnamens Utopia lautet) verflüchtigt und läßt keinen Raum für die sich daran knüpfenden Hoffnungen, doch freilich auch keine Zeit, das heißt: keine Zukunft. Daher bleibt die Kritik in diesem Stück noch ohne Perspektive, sie denunziert das Schlechte und läßt das Ziel offen.

Und alle Fragen offen

Der berühmte Epilog, der in der Sentenz gipfelt: »Den Vorhang zu und alle Fragen offen« (278), ist Gegenstand sehr unterschiedlicher Deutungen. Während die einen jene programmatische Offenheit nur als didaktisches Kunstmittel nehmen, »getreu den Prinzipien seiner [Brechts] revolutionären, das Publikum aktivierenden Ästhetik«,[26] die darauf zielt, »den Fall dem Zuschauer im Theater« zu übereignen,[27] glauben die anderen nicht an einen solchen dramaturgisch-didaktischen Taschenspielertrick, bei dem die Antwort zurückgehalten wird, damit der Schüler sie von selber finde.[28] Natürlich kann es als sicher gelten, daß Brecht auch die In-

26 Fradkin (s. Anm. 16) S. 214.
27 Knopf (s. Anm. 1) S. 205.
28 Reinhold Grimm, »Zwischen Tragik und Ideologie«, in: R. G., *Strukturen. Essays zur deutschen Literatur*, Göttingen 1963, S. 257.

tention hatte, durch den eingestandenen fragmentarischen
Charakter das »verehrte Publikum« zu provozieren.

> Der einzige Ausweg wär aus diesem Ungemach:
> Sie selber dächten auf der Stelle nach
> Auf welche Weis' dem guten Menschen man
> Zu einem guten Ende helfen kann.
> Verehrtes Publikum, los, such dir selbst den Schluß!
> Es muß ein guter da sein, muß, muß, muß!   (279)

Die imperativische Form sagt aber noch nichts darüber aus,
ob es den guten Schluß schon gibt und er also nur gefunden
zu werden braucht; im Gegenteil: die dreimalige katego-
risch-beschwörende Betonung deutet eher auf eine andere
Absicht. Den Verdacht erhärtet dann noch ein Indiz, das
wir ebenfalls Brecht verdanken. Unter dem Eindruck der
chinesischen Geschichte und um keine Verwechslungen
zwischen der Gleichniswelt Sezuans und der historischen
Wirklichkeit aufkommen zu lassen, hat er später den Epilog
umgeschrieben:

> Zuschauer, wisse, die Hauptstadt von Sezuan
> In der man nicht zugleich gut sein und leben kann
> Besteht nicht mehr. Sie mußte untergehn.
> Doch gibts noch viele, die ihr ähnlich sehn.
> Tut einer Gutes dort, frißt ihn die nächste Maus
> Die Untat aber zahlt sich dorten aus.
> Zuschauer, wohnst du selber in einer solchen Stadt
> Bau sie schnell um, eh sie dich gefressen hat!
> Kein größeres Glück gibt es auf Erden nun
> Als gut sein dürfen und Gutes tun.[29]

Dieser Epilog ist aber von Brecht dann doch verworfen
worden, und in der endgültigen Druckfassung hat er die ursprüngliche Form wiederhergestellt. Das signalisiert ein
Eingeständnis nicht nur der Offenheit des Dramenschlus-

---

29 Brecht (s. Anm. 9), Bd. 6., S. 440 (Kommentar).

ses, die wesentlich aus den Widersprüchen und Aporien folgt, die die geistige Struktur des Stückes bilden, sondern auch der Unausgemachtheit, der – möglicherweise sogar niemals aufzuhebenden – Widersprüche in der Wirklichkeit.

Wenn hier der ganz undialektisch-schematische Aufbau des *Guten Menschen von Sezuan* betont wurde, in den verschiedenen Ebenen der Personenkonstruktion ebenso wie in denen der Weltdarstellung, der Moral wie der dramatischen Form der Fabel, so geschah dies nicht, um Brecht besserwisserisch ein falsches Bewußtsein zu attestieren. Er sah ja durchaus, wie die Arbeitsjournal-Notate zeigen, das mit diesem Stoff selbst gegebene Problem, der ihm dennoch als Exempel tauglich schien. Als Exempel aber wofür? Schon für Hegel gab es Epochen, die aus dem dialektischen Fortgang der Geschichte gleichsam herausfallen, weil die in ihnen herrschende Negativität wirklich eine der tödlichen, unfruchtbaren Zerstörung, nicht der weiter- und höhertreibenden Aufhebung gewesen ist. Dem von Land zu Land getriebenen Stückeschreiber konnte die nationalsozialistische Epoche dergestalt erscheinen. Als er dann das Stück endgültig publizierte, gewann die Fabel vielleicht gerade in ihrer legendenhaft-räumlichen Struktur eine aufs neue überraschende, aufs neue deprimierende Aktualität für einen Schriftsteller, der mit dem Ort seines Wirkens seine Heimat gefunden zu haben glaubte und sich doch abermals in einer Art Sezuan wiederfand. Nur wer den *Guten Menschen von Sezuan* in seiner ganzen unversöhnbaren Vielspältigkeit, in seiner ästhetischen und intellektuellen Brüchigkeit und als kunstvolle Kombination des Heterogenen auffaßt (und dies als Regisseur in ausgelassener, bunt mischender Theatralik auf die Bühne bringt), dem wird der Epilog beredt und der erfaßt den Rang des Stückes – in seinen Ungereimtheiten.

Literaturhinweise

Goldhahn, Johannes: Brechts *Der gute Mensch von Sezuan*. Eine realistische Parabel. In: Weimarer Beiträge 30 (1984) S. 1657–75.

Goldhahn, Johannes: Zur Dialektik von Weltbild und Methode in Brechts Parabel *Der gute Mensch von Sezuan*. In: Brecht 83. Brecht und Marxismus. Dokumentation. Leitung: Werner Hecht. Berlin 1983. S. 298–305 und 386–388 [Anhang].

Grimm, Reinhold: Bertolt Brecht: *Der gute Mensch von Sezuan*. In: Zu Bertolt Brecht. Parabel und episches Theater. Hrsg. von Theo Buck. Stuttgart 1983. S. 161–168.

Haug, Wolfgang Fritz: *Der Gute Mensch von Sezuan*. Privateigentum und Moral. In: Aktualisierung Brechts. Hrsg. von Wolfgang Fritz Haug, Klaus Pierwoß und Karen Ruoff. Berlin 1980. (Argument-Sonderbd. 50.) S. 176–179.

Jendreieck, Helmut: Bertolt Brecht. Drama der Veränderung. Düsseldorf 1969. (Bes. S. 209 ff.)

Knopf, Jan: Brecht-Handbuch: Theater. Eine Ästhetik der Widersprüche. Stuttgart 1980. (Bes. S. 201 ff.)

– (Hrsg.): Brechts *Guter Mensch von Sezuan*. Frankfurt a. M. 1982. (suhrkamp taschenbuch materialien.)

Mahal, Günther: Faust in Sezuan. Brechts *Parabelstück* als ›Kontrafaktur‹ zu Goethes *Tragödie*. In: Zur Ästhetik der Moderne. Für Richard Brinkmann zum 70. Geburtstag. Tübingen 1992. S. 183 bis 215.

McLean, Sammy: Messianism in Bertolt Brechts *Der gute Mensch von Sezuan* and *Der kaukasische Kreidekreis*. In: Seminar. A Journal of Germanic Studies 14 (1978) S. 268–284.

Müller, Klaus-Detlef: Verfremdung der Erfahrung: *Der gute Mensch von Sezuan*. In: K.-D.M. (Hrsg.): Bertolt Brecht. Epoche – Werk – Wirkung. München 1985. S. 284–289.

Neumann, Michael: Sherlock Holmes in Sezuan. Eine unbeachtete Quelle zu Brechts Drama. In: Jahrbuch der Schiller-Gesellschaft 34 (1990) S. 343–348.

Padture, Rajendra: Die Problematik in Bertolt Brechts *Der gute Mensch von Sezuan*. In: German studies in India 13 (1989) H. 3. S. 35–40.

Schneidewind, Wolf-Egmar / Sowinski, Bernhard: Bertolt Brecht. *Der gute Mensch von Sezuan*. Interpretationen. München 1992.

Völker, Klaus: *Der gute Mensch von Sezuan*. In: K.V.: Brecht-Kommentar zum dramatischen Werk. München 1983. S. 205–213.

Der kaukasische Kreidekreis

Der Garten des Azdak.
Von der Ästhetik gesellschaftlicher Produktivität

Von Theo Buck

Vom chinesischen zum kaukasischen Kreidekreis

Seit der Mitte der zwanziger Jahre beschäftigte sich Brecht
mit dem Kreidekreis-Stoff. Zweifellos gehörte das Motiv
des weisen Richters, welcher den Streit zweier Frauen um
ein Kind nicht im Sinne der leiblichen, sondern der wahren
Mutter entscheidet, für ihn zu den dramatischen Grund-
konstellationen. Konkret hat ihn wohl die Erfahrung der
ziemlich abendländisch gefärbten Nachdichtung des chinesischen Singspiels von Li Hsing-tao durch den ihm befreundeten Klabund[1] auf die gestisch-paradigmatische Bedeutung
dieser Urszene[2] gestoßen. Entspricht die fernöstliche Krei-

1 Li Hsing-tao, *Hoei-lan-ki* (13. Jh.), ins Dt. übertr. von Alfred Forke, Leipzig 1927. Klabund (d. i. Alfred Henschke), *Der Kreidekreis*. Spiel in 5 Akten
  nach dem Chinesischen, Berlin 1925. – Nach der Uraufführung des Stückes
  in Frankfurt a. M. und Hannover hatte insbesondere die Inszenierung Max
  Reinhardts am Deutschen Theater in Berlin mit Elisabeth Bergner in der
  Hauptrolle starke Resonanz. Klabunds Fassung wurde sogar ins Englische
  übertragen (1929) und auch mit Musik von Alexander Zemlinsky als Oper
  gestaltet (1933). – Die sehr freie Bearbeitung Klabunds wurde von Sachken-
  nern eher ablehnend beurteilt. Die Übersetzung des Sinologen Forke im
  Reclam-Verlag ist als Reaktion auf Klabund zu verstehen. – Brecht kannte
  mit Sicherheit beide Texte genau. Er war zur Zeit der Reinhardt-Inszenie-
  rung (zusammen mit Carl Zuckmayer) dramaturgischer Mitarbeiter am
  Deutschen Theater. Forke wiederum war für Brecht ein wichtiger Gewährs-
  mann für chinesische Literatur (von ihm stammt beispielsweise die Me-ti-
  Übersetzung).
2 Der Begriff der Urszene wird hier bewußt als dramatische Grundstruktur
  oder szenische Keimzelle verstanden. Keineswegs ist an den Freudschen
  Wortgebrauch gedacht, der damit das erste Auftreten von Instinkten wie
  Gewalt oder Begehren im individuellen Lebensprozeß benennt.

dekreisprobe doch genau der salomonischen Schwertprobe im Alten Testament[3], die dem eifrigen Bibelleser Brecht natürlich wohlvertraut war. Indessen beschränkte sich die Rezeption zunächst auf ein grotesk-parodistisches Aufgreifen der Fabel im Lustspiel *Mann ist Mann*. Analog zum Shakespeareschen Rüpelspiel im *Sommernachtstraum* fügte Brecht dem Stück ein farcenhaftes »Zwischenspiel für das Foyer« ein. Unter dem Titel *Das Elefantenkalb* stellte er hier das Mutter-Kind-Verhältnis aus dem *Kreidekreis* satirisch-verfremdend auf den Kopf.[4] Von Anfang an stand demnach die Auseinandersetzung mit dem Thema im Zeichen entschlossener dialektischer Fortschreibung. Brechts ändernder Zugriff zielte sogleich auf den umfunktionierenden Kontrast, auf aktualisierenden Gegenentwurf.

Ein gutes Dutzend Jahre später, 1938/39, also noch in der Svendborger Zeit, begann eine zweite, gründlichere und nachhaltigere Auseinandersetzung mit dem Kreidekreis-Motiv. Mehr als fünf Jahre nahm dann die in Schüben verlaufende Ausführung des Projekts in Anspruch. Sehr unterschiedliche Ansätze und zwei Lösungen kennzeichnen den mehrfach unterbrochenen Arbeitsprozeß. – Die aus dem dänischen Exil überlieferten Notizen zeigen, daß das Vorhaben damals über erste Entwürfe nicht hinausgekommen ist. Bloß fünf Textseiten mit Handlungs- oder Dialogskizzen liegen vor.[5] Eigentlich interessiert das bescheidene Material nur der Perspektive wegen, unter welcher Brecht einen *Odenseer Kreidekreis* konzipierte. Von vornherein verlagerte er den Akzent auf die Mutter-Rolle der Magd: »die mutter verleugnet das kind. [. . .] die magd nimmt es auf, stumm hinter ihrem eigenen rücken, wie ein rabe, dem

3 1. Kön. 3,16–28.

4 Bertolt Brecht, *Stücke*, 14 Bde., Frankfurt a. M. 1953–67 – im folgenden zit. als: S –, hier S 2,295–315.

5 Betty Nance Weber, *Brechts Kreidekreis, ein Revolutionsstück. Eine Interpretation*, mit Texten aus dem Nachlaß, Frankfurt a. M. 1978 – im folgenden zit. als: W –, hier W 20–24.

das stehlen im blut liegt« (W 20). Ebenso hob er ab auf ein
Rahmengeschehen gesellschaftlicher Umwälzungen. Die
entsprechende Eintragung schreibt das folgende Hand-
lungsschema vor: »die herren sind in angst, denn der gouvernör ist vertrieben worden, sie fliehen und machen sich
auf ein blutbad durch die bauern gefasst. aber die bauern
kommen nicht. es gibt kein blutbad. durch ein versehen ist
der von den aufständischen gewählte richter vom gouvernör
bestätigt worden. er fällt das urteil über die beiden mütter«
(W 24). Neben der Figur der Magd rückten mithin für
Brecht die »eulenspiegeleien des richters« (W 20) in den
Mittelpunkt des Interesses. Damit wurde der Problemkern
auf einer veränderten gesellschaftlichen Grundlage angesiedelt, der Knoten des Geschehens in bezeichnender Weise
neu geschürzt. Ausschlaggebend war hierfür offensichtlich
die aktualisierende Absicht, Musterfälle sozialen Verhaltens
vorzustellen. Allerdings ist all das, wie gesagt, nur als
Grundeinfall festgehalten und somit lediglich in der sozialkritischen Intention erkennbar. Brecht ließ den *Odenseer
Kreidekreis* zugunsten anderer Arbeiten liegen. Aber er
hatte nunmehr Feuer gefangen.

Gleich im folgenden Jahr, 1940, nahm sich Brecht auf der
schwedischen Insel Lidingö den Kreidekreis-Stoff erneut
vor. Fast in einem Zuge erfolgte im Januar die Niederschrift
der Geschichte *Der Augsburger Kreidekreis*. Ersichtlich
handelt es sich dabei um eine narrative Vorstufe des vier
Jahre später vorgelegten Stückes. Welch erheblichen gesellschaftlichen Gebrauchswert der Autor der von ihm entwik-
kelten Kreidekreis-Version beimaß, geht schon aus der Tatsache hervor, daß er den Erzähltext trotz der Kriegswirren
sogleich in Druck gab und ihn nach der Rückkehr aus dem
Exil an den Anfang seiner ersten Sammelpublikation – *Ka-
lendergeschichten* – setzte.[6] Indes überwiegt bei der in

---

6 Der Erstdruck des *Augsburger Kreidekreises* erfolgte in Heft 6 (1941) der in
  Moskau erscheinenden Zeitschrift *Internationale Literatur*. – Die *Kalender-
  geschichten* wurden 1949 in Berlin (Aufbau-Verlag) veröffentlicht.

Brechts Heimatstadt angesiedelten Erzählfassung der allgemeine Parabelcharakter, wie ihn der Stückeschreiber in jener
Phase bevorzugte.[7] Es handelt sich gewissermaßen um einen
schon sehr weit ausgeführten Entwurf zum anschließend
daraus entwickelten dramatischen ›Gemälde‹. – Vorläuferin
des Küchenmädchens Grusche ist die Magd Anna, bei deren
Schilderung Elemente des dänischen Projekts weitergeführt
werden. Dementsprechend ist die Figur des Azdak vorge-
formt in der Gestalt des Richters Ignaz Dollinger, von dem es
heißt, er sei »in ganz Schwaben berühmt wegen seiner Grob-
heit und Gelehrsamkeit« (P 2,17). Es bleibt jedoch nicht nur
bei personalen und thematischen Übereinstimmungen. Fast
gleichlautende Formulierungen unterstreichen darüber hinaus die große Nähe beider Texte.[8] – Wie eng die Augsburger
und die grusinische Kreidekreis-Fassung tatsächlich in der
Sache zusammengehören, macht der Vergleich des Erzähl-
texts mit der von Brecht hergestellten *Geschichte vom ›Kaukasischen Kreidekreis‹, für den Betrachter der Kulisiewicz'schen Zeichnungen erzählt*[9] besonders evident. Freilich
fällt dabei ebenso ein wesentlicher Unterschied auf: Die
Augsburger Geschichte bleibt, ungeachtet ihrer klaren Hi-
storisierung und ihrer gesellschaftsverändernden Perspektive, ein Werk sehr allgemeiner Verbindlichkeit. Beim Lesen

---

7 Man denke nur an Stücke wie: *Leben des Galilei, Mutter Courage und ihre
Kinder, Das Verhör des Lukullus, Der gute Mensch von Sezuan.*
8 Vgl. Bertolt Brecht, *Prosa*, 5 Bde., Frankfurt a. M. 1965 – zit. als: P; vgl.
hierzu auch: Siegfried Mews, *Bertolt Brecht: ›Der kaukasische Kreidekreis‹*,
Frankfurt a. M. 1980, S. 18–20.
9 Bertolt Brecht, *Schriften zum Theater*, 7 Bde., Frankfurt a. M. 1963–64 – im
folgenden zit. als: SzT –, hier SzT 6,349–358 und 410; Nachdruck in: *Materialien zu Brechts ›Der kaukasische Kreidekreis‹*, hrsg. von Werner Hecht,
Frankfurt a. M. 1966 (edition suhrkamp, 155) – im folgenden zit. als:
Mat. –, hier Mat. 7–16 (mit Abbildungen der Zeichnungen von Kulisiewicz:
S. 9, 13, 21, 59, 123). Zu dem 1956 veröffentlichten Zyklus des polnischen
Malers schrieb Brecht die Fabelerzählung seines Stückes unter Verwendung
versifizierter Erzählpartien des Sängers. Er unterstrich die Bedeutung sol-
cher Zusammenarbeit zwischen Künstlern in einem Beitrag für den
Ausstellungskatalog unter dem Titel: *Kollektiv selbständiger Künste* (12. Fe-
bruar 1956; SzT 6,375 f.).

erschwert das ganz erheblich ihre konkrete Anbindung im
Bewußtsein des Rezipienten.

Für Brecht war das wohl der Grund, in der Dramenfassung an die Stelle des konfessionellen Gegensatzes materiell
direkt greifbare soziale Widersprüche zu setzen, ferner dem
distanzierenden Zeithintergrund des Dreißigjährigen Krieges eine komplexere Zeitstruktur zu substituieren, wie
überhaupt den Aspekt gesellschaftlicher Brauchbarkeit und
»Praktikabilität« von »Weisheit« (SzT 6,368) schärfer herauszustellen. Ein Stichwort hierfür findet sich in einer unter
den Materialien überlieferten Notiz, die zeitlich zwischen
Erzähl- und Dramenversion liegt. Dort ist die Rede von
den »Leiden der Brauchbarkeit« (W 26[10]). Gemeint ist die
Bereitschaft, persönliche Interessen hinter sich zu lassen,
Mühen, Risiken und Sorgen auf sich zu nehmen, um etwas
für die Allgemeinheit »Nützliches her(zu)stellen« (S 10,140)
und zu befördern. Brecht bringt damit den in seiner Sicht
zentralen Wert gesellschaftlicher Produktivität ins Spiel. Er
exemplifiziert sie einerseits an der volkstümlichen Rechtsprechung, andererseits an der überzeugenden Mütterlichkeit der Ziehmutter. – Was dem Stückeschreiber noch fehlte,
war ein sinnfälliges Rahmenmodell produktiver gesellschaftlicher Interaktion. Er fand es im Beispiel des rational
und kooperativ gelösten Streitfalls zwischen zwei Kolchosen um ein Tal in Kaukasien, der damaligen georgischen
Sowjetrepublik, nach dem Abzug der Hitlerarmeen. Mag
sein, daß Brecht zunächst andere historische Anknüpfungen
im Sinne hatte.[11] Als er sich aber gegen Ende des Zweiten
Weltkriegs, 1944, in den Vereinigten Staaten daranmachte,
die Dramenversion auszuarbeiten, erschien ihm jedenfalls
die letztlich von ihm gewählte Aktualisierung als die ange-

---

10 Jan Knopf verweist hier auf den Zusammenhang mit der gleichen Formulierung im *Guten Menschen von Sezuan* (J.K., *Brecht-Handbuch: Theater*,
 Stuttgart 1980, S. 257).
11 Betty N. Weber hat dazu ein weit ausholendes Interpretationssystem ausgeklügelt. Allerdings erscheint ihre Deutung insgesamt zu wenig stringent
 und auch weithin spekulativ.

messene Lösung. War doch die Sowjetunion damals nicht nur Hauptträgerin des antifaschistischen Kampfes, sondern ebenso das Land durchgreifender sozialistischer Experimente. Brecht hielt daran fest, trotz seiner schroffen Ablehnung des Stalinismus. Als neue historische Kraft blieb die Sowjetunion für ihn ein Ort der Hoffnung. Deswegen verlagerte er ganz bewußt das Stück in den »Schatten der Sowjettraktoren« (S 10,145). Ob er gut daran getan hat, bleibt zu erörtern.

Äußerer Anlaß für die Ausarbeitung einer Dramenfassung war ein Produktionsvertrag, den die in der New Yorker Gesellschaft sehr einflußreiche Schauspielerin Luise Rainer, Frau des Dramatikers Clifford Odets, im März 1944 Brecht verschafft hatte. Eine in diesem Zusammenhang geplante Broadway-Aufführung mußte dem Stückeschreiber – wie dann das *Galilei*-Vorhaben mit Charles Laughton – als willkommene Möglichkeit erscheinen, endlich wieder einmal eines seiner Dramen praktisch erproben zu können und an ein Publikum heranzubringen. Verständlicherweise ergriff der Stückeschreiber im Exil jede so sich bietende Gelegenheit. Vermutlich aus ähnlichen Gründen verfolgte er auch den Gedanken einer Kreidekreis-Verfilmung, denn unter seinen Entwürfen findet sich unter anderem eine knappe Drehbuchnotiz: *Der Kreidekreis in den Bürgerkriegen*[12]. Daß daraus bei der herrschenden Marktlage nichts werden konnte, muß ihm rasch klar geworden sein. Aus dem Kreis der theatralischen ›producer‹ kamen nämlich massive Einwände gegen die Konzeption des *Kaukasischen Kreidekreises*. Fragen »nach dem sinn« oder kritische Anmerkungen zum Bau (»wo ist der konflikt, die spannung, fleisch und blut usw usw?«) veranlaßten Brecht zu der bitteren Bemerkung: »es ist [...], als schreibe man ein stück für die tungusensteppe« (AJ 653). Außerdem ergaben sich zusätzliche Probleme bei der erforderlichen englischen

---

12 Hierzu vor allem: W 29, ebenso Bertolt Brecht, *Texte für Filme*, Bd. 2, Frankfurt a. M. 1969, S. 654.

Übersetzung des Dramentextes.[13] Doch trotz der verschiedenen Hemmnisse arbeitete der Autor unentwegt an seinem Stück weiter. Am 5. Juni 1944 war die »erste niederschrift« (AJ 658) abgeschlossen.[14]

In der Folgezeit gab Brecht das Typoskript, seiner Gewohnheit nach, einigen Freunden zur Begutachtung. Schon während der Arbeit am Stück hatte er sich laufend mit Ruth Berlau über einzelne Textpartien verständigt.[15] Wie stets ging es ihm darum, kritische Anregungen zu sammeln und im Zuge einer Überarbeitung auszuwerten. Wenn einige Interpreten aus dieser für Brechts Arbeit typischen Verfahrensart die Existenz zweier ›Fassungen‹ herleiten, ist das in diesem Fall reichlich übertrieben. Was faktisch vorliegt, ist – auch in den Augen des Autors – eben eine »erste Niederschrift« und deren gründliche Überarbeitung.[16]

13 Zunächst hatte Brecht Christopher Isherwood als Übersetzer vorgesehen; danach verhandelte er, teilweise über Ruth Berlau, mit Wystan Hugh Auden: vgl. Bertolt Brecht, *Arbeitsjournal. 1938–1955*, 2 Bde., hrsg. von Werner Hecht, Frankfurt a. M. 1973 – im folgenden zit. als: AJ –, hier AJ 651; vgl. auch Bertolt Brecht, *Briefe*, 2 Bde., hrsg. und komm. von Günter Glaeser, Frankfurt a. M. 1981 – im folgenden zit. als: B –, hier B 496 und 1050. Trotz intensiver Bemühungen kam jedoch nur ein Teilresultat zustande: Auden machte die besonders schwierigen Versübertragungen. Der Prosateil lag bloß in einer Rohübersetzung von James Stern vor (vgl. B 497, 498 f., 505–508, 514, 521 und 525). Aus einem Ansatz Laughtons, eine Übersetzung in der Art der *Galilei* vorzulegen, wurde ebenfalls nichts (vgl. B 530). Für die englische Druckfassung mußte dann Eric Bentley selber als Übersetzer tätig werden (vgl. Anm. 18).

14 Betty N. Weber stellte die vorliegenden Entwürfe sorgfältig zusammen. Vgl. hierzu auch Knopf (s. Anm. 10, S. 255) und Bertolt Brecht, *Werke*, Große kommentierte Berliner und Frankfurter Ausgabe, Bd. 8: *Stücke 8*, bearb. von Klaus-Detlef Müller, Berlin / Weimar / Frankfurt a. M. 1992 – im folgenden zit. als: GBA 8 –, hier GBA 8,453 f. Der Hinweis auf die »erste niederschrift« bezieht sich auf das Bestandsverzeichnis I, Nr. 1984 (Mews, s. Anm. 8, S. 21). GBA 8 gibt im Anhang Vorspiel und Nachspiel von 1944 wieder (GBA 8,186–191).

15 Aufschlußreich hierfür vor allem: B 492–497, 506, 511.

16 Zu der These von den zwei Fassungen vgl. besonders W 42–44. Sie wurde von Knopf übernommen (s. Anm. 10, S. 254–256). Doch sollte man die Existenz zweier nicht voll identischer Typoskripte nicht gleich zum ›Fassungsproblem‹ (etwa in der Art der tatsächlich stark divergierenden *Gali-*

Hauptsächlich wurde dabei der Text gestrafft. Inhaltlich gab es nur zwei nennenswerte Veränderungen. Zum einen wurde das Vorspiel zeitlich von 1934 auf das Jahr der Abfassung, 1944, verlegt. Zum andern bemühte sich Brecht, die Gestalt der Grusche differenzierter herauszuarbeiten. Die ersten Leser, insbesondere Lion Feuchtwanger, hatten nämlich fast einhellig am ›Heiligencharakter‹ der Magd Anstoß genommen.[17] Beide Änderungen verstärkten den politischen Akzent des Stückes im Sinne der Problematisierung von »Eigentum und Justiz« (B 529). Das wiederum dürfte, im Verein mit Vorbehalten wegen zu geringer dramatischer Spannung, für die amerikanischen Produzenten der Grund gewesen sein, das Projekt fallenzulassen. Brecht seinerseits wollte danach nichts mehr zu tun haben mit diesem »verkauf von schocks und emotionen« (AJ 659).

Immerhin erschien *Der kaukasische Kreidekreis* zunächst in der englischen Übersetzung von Eric Bentley und Maja Apelman.[18] Sie bildete auch die Grundlage für die Uraufführung 1948 durch die Truppe des Carleton College in Northfield (Minnesota). Doch waren das bestenfalls punktuelle Ereignisse. Es bedurfte gezielter persönlicher Initiativen des

---

lei-Fassungen) erheben. – Gleiche Bedenken sind zu erheben gegen die in GBA 8 abgedruckten zwei Versionen, die als »Fassung 1949« und als »Fassung 1954« vorgeführt werden (GBA 8,7–92; GBA 8,93–185). Folgte man diesem Prinzip konsequent, müßte von mindestens vier ›Fassungen‹ ausgegangen werden. K.-D. Müller hat die ganze Problematik ausführlich dargestellt (GBA 8,457–468). Seine Textentscheidung folgt indes den höchst diskutablen Herausgeberkonzepten der ›Großen Werkausgabe‹. Sicher wäre es besser gewesen, die theatralisch erprobte und somit ausdiskutierte Version von 1957 zu berücksichtigen, weil hier die definitiven Änderungswünsche Brechts Aufnahme gefunden haben. Deswegen wird von mir der Dramentext danach zitiert: Bertolt Brecht, *Der kaukasische Kreidekreis*; *Stücke*, Bd. 10: *Stücke aus dem Exil*, Frankfurt a. M. 1957 – zit. als: S 10 –, S. 133–301.

17 Siehe dazu: AJ 669.
18 Die Übersetzung erschien in dem Sammelband: *Parables for the Theatre* (1948). Die von Auden (Verspartien) und Stern (Prosateile) erstellte Fassung wurde erstmalig abgedruckt in: Bertolt Brecht, *Plays*, Bd. 1, London 1960 (vgl. B 1050).

nach Ostberlin zurückgekehrten Brecht, um dem Stück
schließlich doch den Weg für eine breitere Wirkung zu eb-
nen. 1949 kam es zur ersten deutschsprachigen Veröffentli-
chung in der Zeitschrift *Sinn und Form*. Fünf Jahre später
folgte ein leicht veränderter Nachdruck in Heft 13 (1954) der
Versuche[19]. Die endgültige Fassung war auch das noch nicht.
– Den wirkungsmäßigen Durchbruch und eine endgültige
Textlösung brachte schließlich die von Brecht 1953–54 selber
eingerichtete Aufführung mit dem ›Berliner Ensemble‹.[20]
Zwar paßte den an regressiven Stanislawski-Konzepten
orientierten Kulturfunktionären die konsequente Episie-
rung des Darstellungsstils nicht. Doch konnten sie den Erfolg des *Kaukasischen Kreidekreises* nicht mehr aufhalten.[21]
Erst im Jahr nach dem Tode Brechts erschien dann die endgültige Textfassung im Druck. Die 1957 von Elisabeth
Hauptmann im 10. Band der von ihr besorgten Ausgabe der
Stücke vorgelegte Version berücksichtigt die während der
Probenarbeit erfolgten Textänderungen. Sie gibt auch die
dem Autor so wichtige Umwandlung des Vorspiels in den ersten Akt wieder. – Die Berliner Modellinszenierung wurde,

19 *Sinn und Form*, Sonderheft Bertolt Brecht, Berlin 1949, S. 52–164. *Versu-*
    che, H. 13, Berlin 1954, S. 5–95. Diese beiden Texte bilden die Grundlage
    für GBA 8 (s. hierzu Anm. 16).
20 Über die Daten der Probenarbeit und der ersten Aufführungen liegen von-
    einander abweichende Angaben vor. Doch kann man die von Angelika
    Hurwicz (A. H.), »Brecht inszeniert: *Der kaukasische Kreidekreis*«, in:
    Reihe Theater heute, Bd. 14, Velber bei Hannover 1964) mitgeteilten Ter-
    mine unschwer als Erinnerungsfehler nachweisen. Die Rezensionen zu den
    Aufführungen des ›Berliner Ensembles‹ und zur westdeutschen Erstauf-
    führung in Frankfurt a. M. erlauben verläßliche Rückschlüsse. Danach ha-
    ben Völker (Klaus Völker, *Brecht-Chronik*, München 1971, S. 154 ff.) und
    Mews (s. Anm. 8) S. 24, ihre Datierungen vorgenommen: Öffentliche Vor-
    aufführung ›BE‹: 15. Juni 1954 (mit Angelika Hurwicz und Ernst Busch in
    den Hauptrollen); Premiere ›BE‹: 7. Oktober 1954; Gastspiel ›BE‹ beim
    Théâtre des Nations in Paris: 20.–24. Juni 1955; westdeutsche Premiere in
    Frankfurt a. M.: 28. April 1955 (Regie: Harry Buckwitz, mit Käthe Reichel
    als Grusche und Hans-Ernst Jäger als Azdak). Vgl. hierzu auch:
    GBA 8,449 f. und 468–477.
21 Eine genau Dokumentation der parteilichen Kritik findet sich bei K.-D.
    Müller (GBA 8,469–473).

nach dem sensationellen ersten Gastspiel der Brecht-Truppe mit der *Mutter Courage*, 1955 zum Internationalen Pariser Theaterfestival (›Théâtre des Nations‹) eingeladen. Die beiden Aufführungen markieren den Auftakt der internationalen Rezeption Brechts als Autor, Theoretiker und Regisseur. Die französische Kritik sprach damals vom »bemerkenswertesten Ereignis der Nachkriegszeit im Bereich des Theaters«.[22] Von hier an hat das dialektische Theater des Stückeschreibers Eingang in die Weltliteratur gefunden. *Der kaukasische Kreidekreis* und die vom Autor besorgte szenische Umsetzung hatten daran maßgeblichen Anteil.

»Beispiele von Kunst« – Kunst als Beispiel

Im Verzeichnis der Personen des Stückes firmiert an vorderster Stelle der Sänger Arkadi Tscheidse. Das wirkt auf den ersten Blick überraschend. Denn diese Hervorhebung entspricht weder einer bestimmten Reihenfolge der Namen oder Auftritte noch dem äußeren Umfang der Rolle. Offenbar wollte Brecht damit aber etwas ganz anderes signalisieren. Seine Entscheidung wird sogleich plausibel, wenn man in Rechnung stellt, daß das kaukasische Kreidekreis-Spiel auf der Fiktion beruht, der gesamte theatralische Vorgang sei »Vortrag« des Sängers,[23] sei – so der Kommentar des Autors – dessen »wirkliche Erzählung« (SzT 6,368). Was uns Arkadi Tscheidse mitteilt, wird in der szenischen Demonstration zum Wort im Raum und zum Spiel im Spiel. Gewiß nicht zufällig gibt der Autor dem Sänger auch das letzte Wort im Stück. Bewußt vom Blickpunkt eines Berichterstatters her entfaltet Brecht demnach das Geschehen. In der Tat ein Paradefall des

22 Programmheft des Théâtre Sarah Bernhardt für das Gastspiel vom 20.–24. Juni 1955 (»Il s'agissait là de l'évènement le plus considérable de notre après-guerre dans le domaine théâtral«).
23 In der ersten Niederschrift zum »Vorspiel« wird die Kreidekreis-Fabel ausdrücklich als »vortrag arkadi tscheidses« angekündigt (W 121 und 129).

epischen Theaters. Volker Klotz hat ihn auf die exakte Formel gebracht: »der Erzähler vermittelt das Drama«.[24]
· Des Sängers Status als Künstler gibt ihm eine Sonderstellung. Er ist nicht nur als Spielleiter ständig präsent, sondern führt ebenso unmittelbar in Handlungselemente und Personen ein. Gelegentlich läßt er uns sogar die üblicherweise monologisch vermittelten Gedanken der Protagonisten wissen. Kurz, sein Spielraum kommt dem des ›allgegenwärtigen Erzählers‹ gleich. – Allerdings ist die von Arkadi Tscheidse mit seinen Sängern und Musikanten aufgeführte »alte Sage« nicht einfach ein »Stück mit Gesängen« (S 10,145), das vorgetragen wird. Der entscheidende Akzent liegt vielmehr im futuristischen Aspekt des dramatischen Erzählvorgangs. Den Mitgliedern des Ziegenzuchtkolchos »Galinsk« und den jeweils im Parkett sitzenden Zuschauern wird als eine Art »Extra«[25] ein künstlerisches Erlebnis geboten. Kunst liefert das sozial wichtige Beispiel. Die so nachdrücklich vom Alltag abgehobene Begegnung mit der Kunst erhält geradezu Schlüsselcharakter. Brecht bestimmt in den handlungsimmanent verankerten Partien des Sängers indirekt seine Auffassung von der gesteigerten Funktion der Kunst in einer »sozialistischen Gesellschaftsordnung« (SzT 6,359).

Unter solchen Perspektiven ergibt sich für den Schriftsteller folgerichtig ein Kausalzusammenhang zwischen realutopischer Absicht und literarischer Utopie. Mit Hilfe der Aktivierungsstrategien seines epischen Zeigetheaters führt Brecht soziale Fallstudien in der Art einer naturwissenschaftlichen Versuchsreihe vor. Im theatralischen Gesellschaftslaboratorium soll anhand fiktionaler Muster »eingreifendes Denken« vermittelt werden. Hierdurch wird die

---

24 Volker Klotz, *Bertolt Brecht. Versuch über das Werk*, Bad Homburg ³1967, S. 60. Vgl. dazu auch: Reinhold Grimm, *Bertolt Brecht. Die Struktur seines Werkes*, Nürnberg ⁵1968, S. 54 f.

25 Brecht verwendet diesen Begriff leitmotivisch im Stück *Die Tage der Commune* (vgl. S 10,365).

literarische Utopie gleichsam in einen neuen Aggregatzustand versetzt. Sie ist nicht mehr bloß Ausfluß eines mehr oder minder abstrakten Wunschdenkens, eskapistischer Traum oder idyllisches Trostbild, nichts für den Sankt-Nimmerleins-Tag, sondern – ganz im Sinne Ernst Blochs – realer Vorgriff. Die ästhetische Formulierung gibt dieser demonstrativen Antizipation den nötigen Halt. In der literarischen Konkretion zeugt die (Real-)Utopie wider unbefriedigende Verhältnisse in Vergangenheit und Gegenwart. Literarische Utopie und politische Programmatik fallen darum für den Marxisten Brecht stets zusammen.

Der praktische Weg zum künstlerisch vermittelten gesellschaftlichen Beispiel (›Bei-Spiel‹) kann in den Augen des Stückeschreibers niemals über illusionistische Abbildmechanismen führen. »Zeig mal die Masken« (S 10,145), läßt er deshalb den Sänger sagen. Die einfache Aufforderung drückt verschiedenes aus. Zunächst einmal unterstreicht der Autor dadurch den Charakter des Spiels im Spiel und verweist so zugleich, textübergreifend, auf den theatralischen Zeigemechanismus des epischen Dramenstils. Vor allem jedoch signalisiert der imperative Gestus – von der Kommunikationssituation her – den Auftakt für einen gemeinsam zu vollziehenden Erkenntnisvorgang. Resultat der vergnüglichen kollektiven Arbeit soll eine soziale Erfahrung sein. Kunst als soziales Beispiel. Brecht nutzte hierzu die von den Masken ausgehende optische Wirkung des »starren Aussehens«, um der Gruppe der Herrschenden im Stück »repräsentative Gesichter« zu verpassen und sie dadurch leichter durchschaubar zu machen.[26] Man sieht: der Verweis

26 Vgl. Mat. 106 f.; diese Formulierungen stützen sich auf einschlägige Äußerungen Brechts bei einer Diskussion mit Leipziger Studenten im Dezember 1955. Hierzu auch: Joachim Tenschert, *Über die Verwendung von Masken* (Mat. 101–112). Tenschert ist bemüht, die klassenspezifische Deutung der Masken im Stück zu differenzieren. Doch ist ziemlich evident, daß – ähnlich wie bei Büchners *Woyzeck* die Funktionsträger namenlos – die Herrschenden und ihr Anhang von Brecht als gesichtslos, eben als Maskenträger, dargestellt werden.

auf die Masken ist mehrschichtig. Das Bild der Masken steht im Grunde stellvertretend für Brechts gesamte Kunsttheorie und literarisch-emanzipatorische Praxis. Im Kontext der so politisch verstandenen Ästhetik wird das dramatische Urbild ›Maske‹ zum sozialen Symbol und zum konkreten Beleg für den Modellcharakter der Kunst. Von den humanen Konsequenzen her bestimmt sich der Wert eines solchen Masken-Spiels.

Was freilich zu Lebzeiten Brechts als wirkungsästhetische Konzeption schlüssig erscheinen mochte, verfängt momentan offensichtlich nicht mehr (wobei es ohnehin fraglich ist, ob – über Punktuelles hinaus – Brechts Parabeln überhaupt je in der Weise gewirkt haben, wie er sich das vorstellte). Zutreffend wies Heiner Müller schon in einem 1986 geführten Gespräch darauf hin, daß das Theater mit der »Dramaturgie des klassischen Brecht [. . .] jetzt einige Schwierigkeiten« habe, weil sie, wie der Nachfahre sagte, »die Figuren bewertet«. Er räumte zwar ein: »Brechts Wertungen kommen natürlich aus politischen Impulsen, aus politischen Intentionen, die durchaus aktuell notwendig waren«, hielt dann jedoch kritisch fest, dadurch seien »die Sachen auch oft eindimensional« gemacht worden. Jedenfalls kam Müller am Ende seiner Überlegungen zu dem Fazit: »Und es ist ganz schwer, so ein Stück wie ›Sezuan‹ oder ›Kreidekreis‹ wirklich aufzubrechen und Schichten jetzt an die Oberfläche zu holen, die in der Zeit, als die Stücke geschrieben wurden, vielleicht verdeckt waren. [. . .] Und das ist bei diesen Parabelstücken von Brecht sehr schwer, die sind ungeheuer kalkuliert, zu geschlossenen Gebilden gemacht. Lebendig werden sie erst wieder, wenn man sie aufbricht, also wenn die Texte wieder arbeiten können«.[27] – Müller formulierte damit tatsächlich Fragen, die sich ge-

---

27 Heiner Müller, *Gesammelte Irrtümer 2. Interviews und Gespräche*, Frankfurt a. M. 1990, S. 54. Müller äußerte sich auch früher schon kritisch zum *Kreidekreis*, wie überhaupt zu Brechts Parabelstücken (siehe auch: H. M., *Theater-Arbeit, Texte 4*, Berlin 1975, S. 121, 126).

genwärtig, das heißt seit dem Untergang des kommunistischen Imperiums, noch prinzipieller stellen. Darauf wird alsbald zurückzukommen sein. Für den Augenblick sei nur so viel gesagt: Die Zielsetzungen Brechts haben sich mit den Ereignissen des Jahres 1989 gewiß nicht erledigt. Ihr Anspruch bleibt virulent. Es wird für unsere Zweidrittelgesellschaft und insbesondere für die (immer noch und immer mehr) Dritte Welt sogar entscheidend darauf ankommen, die Brechtschen Leitideen wieder hervorzuholen unter dem Schutt, unter dem sie begraben liegen. Brecht-›Pflege‹ in der Zeit der ›Brecht-Mode‹, Totsagung seiner Werke seit den achtziger Jahren und Ideologieverdacht seit der so genannten ›Wende‹ haben im Verein diesen Schutt aufgehäuft.

Was Brecht vorschwebte, war die literarische Utopie als soziale Utopie. In seinen Dramen versuchte er, sie spielerisch zu entwickeln. Exemplarisch ist diese Zielsetzung einem Bild abzulesen, das für das Verständnis des *Kaukasischen Kreidekreises* zentral ist: dem Bild vom »Garten des Azdak«. Mit seinem letzten Urteilsspruch übereignet der Ausnahme-Richter die Güter der Gouverneursfamilie »an die Stadt, damit ein Garten für die Kinder draus gemacht wird, sie brauchen ihn, und ich bestimm, daß er nach mir ›Der Garten des Azdak‹ heißt (S 10,298 f.). Derlei verstand Brecht unter der »Praktikabilität« von »Weisheit« (SzT 6,368). Mit der sozialgerichteten Metapher demonstriert er uns die sozialistische Variante des salomonischen Urteils: »Der Garten des Azdak« als soziale Forderung und Herausforderung. Dieser Sinn des Garten-Bilds wird sich dem Zuschauer oder Leser mit Notwendigkeit erschließen.[28] Ihn zum Nachdenken darüber zu bringen, ist dezidierte Absicht des Autors.

---

28 Verschiedentlich hat Brecht den Garten als soziale Metapher aufgefaßt und auch literarisch gestaltet. Vgl. hierzu vor allem: AJ 533, 603, 679, 740 sowie die Gedichte: *Vom Sprengen des Gartens*, *Garden in Progress*, *Der Blumengarten*, *Das Gewächshaus*.

Wie zur Verdeutlichung erscheint deswegen das Bild des Gartens korrespondierend im »Nachspiel der ersten Fassung« (GBA 8,190 f.). Dort treten am Schluß die beiden Kolchosdelegationen noch einmal auf, so gewissermaßen die Lehre aus dem Modellstück ziehend. Die Agronomin des Obstbaukolchos verheißt dem Ältesten des Ziegenzüchterkolchos für seinen nächsten Besuch: »Du wirst einen Garten sehen«, und sie bekommt darauf die Antwort: »Gnade euch Gott, wenn es nicht ein Garten ist« (Mat. 54). Auch hier also wird der Garten zum Bild einer freundlicheren, humaneren Welt. In der poetischen Metapher scheint das zu verwirklichende Modell auf. Daß in Wirklichkeit alles andere als ein »Garten« aus der kommunistischen Saat hervorgegangen ist, fällt allein auf die kommunistischen Machthaber zurück, weil sie – an Marx und seinem ›Reich der Freiheit‹ vorbei – die angebliche ›Volksherrschaft‹ nur als Unterdrückung praktizierten. Dem von Brecht gestifteten Wert des »Garten«-Symbols tut das keinen Abbruch. – Ohnehin ist im *Kreidekreis* dem utopischen Bild deutlich auch ein gewisser Märchencharakter eigen. Insofern fügen sich »Der Garten des Azdak«, das Eingreifen des »staubbedeckten Reiters« als dem »reitenden Boten« (S 10,283) und das ›happy end‹ zwischen Grusche und ihrem Verlobten Simon zum quasi märchenhaften Kunst-Schluß. Die unverkennbar stilisierende Formgebung im szenischen Bericht des Sängers dient der, wenigstens fiktiven, Realisierung utopischer Geltungszusammenhänge. Inwieweit das auch auf das Vorspiel (den ersten Akt) angewandt werden kann, wird gleich zu erörtern sein. Für das *Kreidekreis*-Spiel jedenfalls läßt sich bereits festhalten, daß wir es – über den Inhalt hinaus – geradezu mit einem Resümee der politischen Ästhetik Brechts zu tun haben. An seinen »Beispielen der Kunst« erweist sich die Kunst als Beispiel.

Vom Vorspiel zum 1. Akt oder Die zu erfüllende Utopie

Zeit seines Lebens hatte Brecht mit Schwierigkeiten zu kämpfen. Auch die Aufnahme des *Kaukasischen Kreidekreises* in den fünfziger Jahren gestaltete sich reichlich problematisch. Wie eingangs erwähnt, ist der Dramenfassung eine aktualisierende Szene vorangestellt. Die fast mythisch ferne grusinische Fabel wird einem historisch-konkreten Beispiel konfrontiert. Da es sich dabei um die Realität der Sowjetunion handelt, wurde der Zusatz sehr kontrovers diskutiert. Maßgeblich für Brechts Entscheidung dürfte die Absicht gewesen sein, das utopische Bild mit einem »historischen und erklärenden Hintergrund« (B 720) zu versehen und zugleich in der damaligen Gegenwart zu verankern. In seiner Sicht konnte das nur durch den Verweis auf sozialistische Praxis geschehen. Er fand sie verwirklicht im rational und produktiv gelösten Streit zweier Kolchosen um ein Tal, das schließlich denen zugesprochen wird, die es intensiv nutzen (»das Tal den Bewässerern, damit es Frucht bringt«; S 10,301). Denn er konnte damals nicht ahnen, welches ökologische Desaster gerade in Rußland mit diesem vermeintlichen Fortschritt generell verknüpft war. Natürlich relativiert unser heutiges Wissen die Überzeugungskraft des Brechtschen Beispiels. Da es jedoch in einem anderen Erfahrungskontext angesiedelt war, läßt sich trotzdem das von ihm Gemeinte auch heute noch vermitteln. – Nachdem Brecht den »Streit um das Tal« (so die Szenenüberschrift) zunächst im Georgien des Jahres 1934 situiert hatte, verlegte er das Geschehen bei der endgültigen Niederschrift, wie erwähnt, in die Zeit nach der Befreiung des Gebiets durch den Abzug der zurückweichenden Hitlerarmee. Das Bild des Aufbaus im Jahre 1944 sollte zweierlei verdeutlichen. Zum einen war es dem marxistischen Autor darum zu tun, ein Exempel des ›wahren Sozialismus‹ zu statuieren, die von ihm anvisierte neue Kraft interessenverallgemeinernder Vernunft sinnfällig zu machen. Zum andern spielte dabei sicher schon der Gedanke eines Transfers dieses sozialen Paradigmas auf die deutsche Situation beim notwendigen Wiederaufbau nach dem verlorenen Krieg eine Rolle. Brecht arbeitete die ganzen Jahre des Exils hindurch ohnehin für die Zeit nach seiner Rückkehr. In der Substanz erweist sich demzufolge »Der Streit um das Tal« als Reflexion über die Gestaltung der Zukunft im Sinne radikaldemokratischer Meinungs- und Willensbildung.

Diese Schlüsselszene kann als Kristallisationspunkt der dramatischen Konstruktion gelten. Ihre funktionale Bedeutung hat ebenso Auswirkungen auf die formale Ausgestaltung. Wird doch »die ganze Fabel zur Klärung des Streitfalls wegen des Besitzes des Tals erzählt« (SzT 6,368). Dramaturgisch heißt das: Ihre epische Funktionalität macht die Szene zu einer tektonischen Schaltstelle. Deshalb ging Brecht anfangs davon aus, um die Fabel herum einen Rahmen aus Vor- und Nachspiel zu legen. Indes ließ er in der Folgezeit den »ad libitum« (GBA 8,190) gedachten Ausklang wieder fallen. Das hatte eine ungewollte Isolierung des Prologs zur Folge. Immer wieder wurde bekanntlich auch von außen der Einwand erhoben, der »Streit um das Tal« bilde einen Fremdkörper im Stück. – Naturgemäß entzündete sich die Diskussion insbesondere an der dargestellten sowjetischen Wirklichkeit. Dabei ergaben sich eigenartige Unterschiede. Im Osten zogen die Kritiker erstaunlicherweise (im Grunde aber bezeichnenderweise!) so gut wie keinen Nutzen aus dem vom Autor vorgeschlagenen sozialistischen Modellfall. Das Vorspiel blieb weithin unbeachtet.[29] Lediglich aus der Sowjetunion kamen Einwände, und zwar, wie vielsagend formuliert wurde, wegen des »mangelnden realistischen Gehalts«[30]. Im Westen hingegen

---

29 Daran sollte sich zu Lebzeiten Brechts nichts mehr ändern. Erst der 1956 entstandene Artikel von Hans-Joachim Bunge, *Der Streit um das Tal*, machte diesem Zustand ein Ende. Bunges Polemik ist nachgedruckt in: Mat. 144–153.

30 So diagnostiziert etwa Ilja Fradkin den fehlenden Realitätsgehalt des Vorspiels mit der Frage: »Ist die Schlichtung eines Streites zwischen zwei Kolchosen im Einklang mit den Gesetzen des Realismus dargestellt, wenn hier

stürzte man sich mit Vehemenz auf das sogenannte »bolschewistische Einwickelpapier«[31]. Der »Streit um das Tal« wurde zum bevorzugten Kritikpunkt der Rezensenten. Allermeist konzentrierte sich dabei ihre Argumentation auf den Vorwurf, Brecht habe mit dem Vorspiel eine bedenkliche ideologische Pflichtübung absolviert. Der Stückeschreiber hingegen sah darin so etwas wie die Keimzelle seiner ganzen Auffassung vom *Kreidekreis*, die direkt »aus Notwendigkeiten der Wirklichkeit« (B 719) abgeleitet sei. Wohl um den ideologischen Bedenken definitiv einen Riegel vorzuschieben, entschied er darum, in späteren Ausgaben den »Streit um das Tal« nicht mehr als selbständigen Prolog voranzustellen, sondern dem Dramenkomplex als Anfangsakt einzuverleiben. Also wurde aus dem Vorspiel der erste Akt.

Man kann das nur so deuten, daß dem Autor viel daran lag, dem Publikum die vernünftige und kooperative Art der Erledigung des Streits als praktisches Muster einer gesellschaftlich nützlichen Haltung nahezubringen. Deswegen ist Klaus-Detlef Müller zuzustimmen, wenn er betont: »Vorspiel und Handlung historisieren einander wechselseitig: die Gegenwart erscheint als Schlußpunkt einer historischen Entwicklung, als Verwirklichung geschichtlicher Tendenzen«.[32]

im Widerspruch zum Genossenschaftsstatut und zur Praxis der sowjetischen Rechtsprechung die Frage mit Hilfe eines Sängers entschieden wird, der den Kolchosbauern eine alte Legende erzählt?« (I. F., *Bertolt Brecht. Weg und Methode*, Leipzig ²1974, S. 278). Fradkin räumt jedoch ein, daß die Frage so nicht gestellt werden kann. Er deutet die Abweichungen von der Wirklichkeit als berechtigte künstlerische Freiheit und billigt Brecht zu, damit »eine Apotheose des sozialistischen Humanismus und der sozialistischen Gesellschaftsordnung« geleistet zu haben (S. 197).

31 Zit. nach: Bunge (Mat. 144). Der Aufsatz Bunges vermittelt ein schlüssiges Rezeptionsbild anhand der Inszenierungen von Brecht und Buckwitz. Ergänzend dazu die von Siegfried Mews dokumentierten Rezensionen (s. Anm. 8, S. 95–102). Vgl. auch: GBA 8,468–477.

32 Klaus-Detlef Müller, *Die Funktion der Geschichte im Werk Bertolt Brechts. Studien zum Verhältnis von Marxismus und Ästhetik*, Tübingen 1967, S. 208. – Ein Spektrum der bisherigen Deutungsansätze zum Vorspiel ergibt sich aus den Interpretationen von Walter Hinck (W. H., *Die Dramaturgie des späten Brecht*, Göttingen 1960), Bunge, K.-D. Müller, Weber und Knopf.

Brecht hätte sicher gleichfalls zugestimmt. Wir allerdings können es dabei nicht mehr bewenden lassen. Das völlige Fehlen des *Kreidekreises* im Repertoire unserer Theater in den letzten Jahren spricht in dieser Hinsicht eine allzu deutliche Sprache. Unbedingt stellt sich demnach die Frage: Wie verhält sich das von Brecht vorgeschlagene Modell zum ›real existierenden Sozialismus‹ in der Sowjetunion, und was ist dazu aus unserer heutigen Sicht zu sagen? Von vornherein muß beachtet werden, daß Brecht sich keinerlei Illusionen hingab hinsichtlich der Widersprüche im stalinistischen Sowjetstaat. Er wußte: dort war keine Massendemokratie verwirklicht, sondern die reine »Diktatur über das Proletariat«[33]. Andererseits ging er unbeirrbar davon aus: Stalins Rußland war bis zum Ende des Zweiten Weltkriegs der einzige sozialistische Staat auf der Welt. Von dieser Ausrichtung aber versprach Brecht sich die endliche Durchsetzung der marxistischen Emanzipation der Menschen aus erniedrigenden Lebensumständen. So kam er zu der (historisch längst widerlegten) These: »Man kann nicht sagen: In dem Arbeiterstaat Rußland herrscht die Freiheit. Aber man kann sagen: Dort herrscht die Befreiung« (SPG 103).[34] Auf diese Zielsetzung aktiv hinzuwirken, war seit der marxistischen Konversion Sinn und Zweck seiner literarischen Bemühungen. So fragwürdig eine derartige Erwartungshaltung in unseren Augen ist, so sehr hielt Brecht daran fest. Man kann ihm vorwerfen, blind dafür gewesen zu sein, daß der vom Staatssozialismus eingeschlagene Weg nicht vom Ich zum Wir führte, sondern die Mehrheit der Gesellschaft einem unmenschlichen Zwangssystem aussetzte, das vielen Millionen das Leben kostete. Brecht jedenfalls hatte sicherlich andere Vorstellungen vom Sozialismus. Wir müssen

---

33 So Brecht zu Benjamin (Walter Benjamin, »Gespräche mit Brecht. Svendborger Notizen«, in: W. B., *Versuche über Brecht*, Frankfurt a. M. 1966, S. 117–135, hier S. 135).

34 Vgl. Bertolt Brecht, *Schriften zur Politik und Gesellschaft*, Frankfurt a. M. 1968 – zit. als: SPG.

ihm das abnehmen. Die künstlerische Produktion stellte für ihn einen entscheidenden Faktor dar bei der »befreiung der produktivität aller menschen von allen fesseln« (AJ 247). Zweifellos ist das im übrigen auch ein unverändert nützlicher Gedanke.

Es braucht kaum eigens betont zu werden, daß mit der so verstandenen »befreiung« ein Zustand angesprochen ist, der mit den herrschenden Verhältnissen – gerade auch in den sogenannten ›sozialistischen Ländern‹ unseligen Angedenkens – nichts gemein hat. Mit anderen Worten: Der »Streit um das Tal« beschreibt einen Ausnahmezustand. Was Wunder, wenn die hier gezeigte Praxis in der sowjetischen Wirklichkeit eher Befremden auslöste. Denn in der Tat wirkt – angesichts der Verhältnisse, die dort herrschten – die Kolchos-Szene eher wie ein sozialistisches Märchen. – Was Brecht betrifft, so war er seiner Überzeugung nach bereit, dem Kommunismus etlichen Kredit einzuräumen. Bemühte er sich doch sogar persönlich darum, über Otto Grotewohl »die Volkskammer in größeren Schwung« zu versetzen (B 722[35]). Der »Streit um das Tal« war für ihn durchaus ein Standard des sozial Erreichbaren. Daß er sich hierin getäuscht hat, ist uns schmerzlich bewußt. Sein Fehler was es jedenfalls nicht. In Brechts Sicht beschreibt das zum ersten Akt gewordene Vorspiel eine human wünschenswerte und deshalb vertretbare Richtung. Er sah darin das Maß der zu erfüllenden Utopie. Falsch wäre es, das als Naivität zu deuten. Sicher war es ein falsches Bewußtsein. Nur muß man im gleichen Augenblick darauf bestehen: Für einen gegen Hitlerdeutschland kämpfenden Schriftsteller im Exil, der seit den zwanziger Jahren vom marxistischen ›Reich der Freiheit‹ träumte, gab es damals kaum einen anderen Weg.

Vermutlich kann man das Ganze auch unverkrampft sehen als ein einfaches, in der humanen Zielsetzung überzeugendes Gesellschaftsmodell. Wer das nicht einzuräumen

---

35 Brecht hat sich verschiedentlich um eine radikaldemokratische Funktionsbestimmung der Volkskammer bemüht (vgl. vor allem SPG 329 f.).

bereit ist, muß es eben lassen. Er wird auf den Beitrag
Brechts verzichten und dabei, ohne es zu merken, einen Fundus menschlicher Entfaltungsmöglichkeiten in den
Wind schlagen. Gewiß hat die Wirklichkeit gar manche der
Positionen Brechts eindeutig relativiert. Die historischen
Entwicklungen haben sein *Kreidekreis*-Spiel, das für die unmittelbare soziale Praxis gedacht war, zum Spiel der Vor-
wegnahme notwendiger Korrekturen unserer Wirklichkeit
gemacht, es damit aber keinesfalls entwertet.

»Über die Produktivität der Einzelnen«

Zum Vorspiel (dem ersten Akt der Endfassung) kommt, auf
fünf weitere Akte verteilt, die eigentliche Kreidekreis-Fabel.
Exemplarisch im Sinne der Zielsetzung – Beförderung der
»Produktivität der Einzelnen« (P 5,131) – ist hier die hand-
lungsorientierende Kraft Grusches und Azdaks. Gleich den
Kolchosbauern lassen diese beiden »Bereitschaft und Fähigkeit zur Produktivität (SzT 6,370) erkennen. Deshalb kann
ihr Beispiel den »Streit um das Tal« beeinflussen. Allerdings
ordnen sich die jeweiligen Haltungen einem unterschiedlichen Kontext zu. Im Fall der grusinischen Kreidekreis-
Variante herrschen blutige Rahmenbedingungen. Was der
Sänger als Modell herausstellt, sind Proben »einer kurzen /
Goldenen Zeit beinah der Gerechtigkeit« (S 10,300), also
Ausnahmen. Am aktuellen Beispiel soll dagegen ein Regel-
fall sozialistischen Zusammenlebens vorgeführt werden.
Während im Hauptteil ein glücklicher Zufall im Mittelpunkt steht, verweist der aktuelle Auftakt auf gesellschaftliche Erfordernisse im Zeichen der Solidarität. Dort der
amorphe Ablauf einer chaotischen Zeit, hier die Vorstellung
einer rational umgeformten, humanisierten Wirklichkeit.
Brecht war unbedingt davon überzeugt – und das macht
seine Konstruktion heute so ambivalent –, er beschreibe damit den qualitativen Sprung von der Stufe des Zufalls zur

Stufe der Notwendigkeit. Dem steht die Tatsache entgegen, daß gerade die harmonische Lösung des Streitfalls bestenfalls eine Realutopie ist. Zudem verdeckt dieser Ausgang den tatsächlich gegebenen Staatsterrorismus.

Der kaukasische Kreidekreis behandelt, Brecht zufolge, in seinem Kern das Thema von »Eigentum und Justiz« (B 529). Wie häufig im Werk erscheint die damit verbundene Problematik unter dem Aspekt des dialektischen Gegensatzes von Alt und Neu. Dieser hat nach Auffassung des Stückeschreibers den großen Vorteil, Vertrautes fragwürdig zu machen. Zustände werden dadurch zu Prozessen, Vorgänge zu Übergängen.[36] Konkret demonstriert der Autor das an einer »Probe des Muttertums« (SzT 6,368), welche gegen die leibliche Mutter ausgeht, sowie an einer ›Sabotage‹ des geltenden Rechts, durch welche »etwas herausspringt für diejenigen, die wirklich recht benötigen« (AJ 650). Damit stellt Brecht nicht nur die klassische Kreidekreis-Fabel vom Kopf auf die Füße, sondern unterbreitet uns Musterfälle sozialer Produktivität.

Das erste Beispiel gilt der »Ausfindung der Mütterlichkeit« (SzT 6,368), also der Haltung der weiblichen Hauptfigur. Drei der insgesamt sechs Akte sind allein der Geschichte vom Küchenmädchen Grusche Vachnadze und deren beispielhafter Entwicklung gewidmet. Ihre Situation dient dazu, den herkömmlichen Eigentumsbegriff zu relativieren. Über ihr Schicksal wird mit dem richterlichen Urteil im Schlußakt entschieden. – Was liegt konkret vor? In den Wirren eines Aufstands nimmt die Magd Grusche sich aus spontaner Nächstenliebe und Mütterlichkeit des Kindes ihrer Herrschaft an (siehe »Das Hohe Kind«), rettet den kleinen Gouverneurssohn durch alle Widrigkeiten der Kämpfe des Aufstands (siehe »Die Flucht in die nördlichen Gebirge«) und zieht ihn auf, obwohl sie dabei ihren eigenen Lebensplan mehr als gefährdet (siehe »In den nörd-

36 Vgl. P 5,129.

lichen Gebirgen«). Grusche wird mit der Rettung des hilf-
losen Michel zur Helfenden, ja zur »großen Helferin«
(SzT 5,264), freilich auch zur Mutter wider Willen. Ohne
Rücksicht auf ihre persönlichen Interessen folgt sie der Herausforderung. Sie weiß, daß sie ohne die für sie selbstverständliche Reaktion ihr eigenes Menschsein verraten
würde;[37] sie weiß außerdem, daß ihr Handeln aus dem »Hohen Kind« einen brauchbaren Mitmenschen macht (»Der
Sohn des Tigers / Wird die kleinen Pferde füttern / Das
Kind der Schlange / Bringt Milch zu den Müttern«; S 10,
205). Das ist die Haltung produktiver Menschlichkeit.
Brecht kommentiert die Entscheidungen der Grusche zusammenfassend mit dem Satz: »Sie liebt nun das Kind, ihren
Anspruch leitet sie ab von ihrer Bereitschaft und Fähigkeit
zur Produktivität« (SzT 6,370).

Allerdings hat diese uneigennützige Produktivität auch
ihre Kehrseite. Aus der »Verführung zur Güte« resultie-
ren die »Leiden der Brauchbarkeit« (W 26). Mit anderen
Worten: die wahre Humanität muß teuer erkauft werden.
Als hauptsächlichen Widerspruch in der Anlage der Grusche-Figur hat der Autor hervorgehoben, »ihre Produktivität wirk(e) in der Richtung ihrer eigenen Destruktion«
(SzT 6,365). Die Retterin erscheint als Opfer. Eben dies ver-
anlaßte Lion Feuchtwanger zu seinem Einwand, die Grusche sei »zu heilig« (AJ 669). Brecht versuchte daraufhin, einer zu positiven Stilisierung der weiblichen Hauptfigur
nach Kräften entgegenzuwirken.

Instinktive Nächstenliebe, aber ebenso »vernünftiges Zögern« bilden die Pole ihres inneren Konflikts. Dahinter
steht die Frage: Wie sieht eine Welt aus, in der die Menschen
zum Opfer ihrer Güte werden? Ziemlich billig ist es des-

---

37 Der Sänger teilt hierzu den Zuhörern/Zuschauern mit, was Grusche zu
hören glaubt: »wer einen Hilferuf nicht hört / Sondern vorbeigeht, ver-
störten Ohrs: nie mehr / Wird der hören den leisen Ruf des Liebsten noch /
Im Morgengrauen die Amsel oder den wohligen / Seufzer der erschöpften
Weinpflücker beim Angelus« (S 10,173 f.).

wegen, Grusche als »Mutter ohne Unterleib« abzuqualifi-
zieren oder sie zur »bewundernswerten Märchengrete« um-
zudeuten, »die am Ende ihren aufrechten Hans als Lohn bekommt« und sie damit ihrer Wirklichkeitsdimension zu
berauben.[38] Der Stückeschreiber hat ihr entschieden mehr
Substanz auf den Weg mitgegeben. Was ihr anfangs bloß
der Instinkt suggeriert, macht sie sich allmählich bewußt.
Das Spiel zeigt ihre komplexe und gewiß nicht widerspruchsfreie Entwicklung vom ›Muttertier‹ zur bewußten
Mutter. Aus der von Einfalt und Zurückgebliebenheit ihrer
Klasse geprägten Magd wird eine selbstbewußt und ziel-
strebig handelnde Frau, die ihre soziale ›Produktivkraft‹
vollkommen richtig einzuschätzen weiß und dementsprechend handelt.

An Grusche demonstriert Brecht demnach das ihm so
wichtige Phänomen menschlicher Veränderbarkeit. Bekanntlich machte er seit seiner Beschäftigung mit dem historischen Materialismus in den zwanziger Jahren den »ver-
änderlichen und verändernden Menschen« zum Zielpunkt
seines epischen Theaters.[39] Nichts anderes als dieser Wille
zu einer humanen Erneuerung ist gemeint, wenn bei ihm
von gesellschaftlicher »Produktivität« die Rede ist. Die sich
zwischen Grusche und Michel aufbauende Mutter-Sohn-
Beziehung ohne Besitzansprüche liefert dafür ein praktisches Beispiel. Die Ziehmutter hat sich ihr Recht an dem
Kind gegenüber der Gebärerin mühsam erarbeitet. Das Resultat spricht für sich: »Wird es [das Kind] müssen den
Hunger fürchten / Aber die Hungrigen nicht. / Wird es
müssen die Finsternis fürchten / Aber nicht das Licht«
(S 10,296). Grundfalsch wäre es demnach, die Grusche auf

---

38 Hellmuth Karasek, *Bertolt Brecht. Der jüngste Fall eines Theaterklassikers*,
    München 1978, S. 65 f.; Klaus Völker, *Bertolt Brecht. Eine Biographie*,
    München 1976, S. 337 f. Auch Hans Mayer hat ähnliche Bedenken ange-
    deutet (H. M., *Brecht in der Geschichte. Drei Versuche*, Frankfurt a. M.
    1971, S. 178). Er spricht in diesem Zusammenhang von Grusche als dem
    »guten Menschen von Grusinien«.
39 Vgl. u. a. SzT 2,117.

›reine Einfalt‹ zu reduzieren. Nicht umsonst hat ihr Schöpfer sie gelegentlich auf die Mittelpunktsfigur von Pieter Breughels Bild *Dulle Griet* zurückgeführt. In der ›Kriegsfurie‹ des flämischen Malers fand er ein Charakterbild vorgeprägt, welches zwischen »Hilflosigkeit und Beschränktheit« einerseits und »Hypersensitivität« andererseits oszillierte (SLK 2,86 und 90).[40] Offenbar verlockte es Brecht, aus dieser Spannung heraus die latenten Kräfte zu entwickeln, die den Menschen befähigen, gesellschaftliche Produktivität ins Werk zu setzen. Freilich muß Grusche, die »Mütterliche«, am Ende um den Ertrag ihrer Bemühungen fürchten. Denn: »rechtlich ist die Retterin die Diebin« (SzT 6,365).[41] Um diesen Widerspruch produktiv auflösen zu können, brauchte der Autor Azdak, den »guten schlechten Richter« (S 10,266).

Mit dem fünften Akt geht das Geschehen von der Magd Grusche auf den Dorfschreiber Azdak über. Auch »Die Geschichte des Richters« setzt mit dem »großen Aufstand« (S 10,237) ein. Beide Geschichten laufen also in der erzählten Zeit simultan ab. Jedoch wird das Nebeneinander auf

---

40 Vgl. Bertolt Brecht, *Schriften zur Literatur und Kunst*, 3 Bde., Frankfurt a. M. 1967 – zit. als: SLK. Ein Ausschnitt des 1563 entstandenen Gemäldes von Pieter Breughel (heute im Museum Mayer van den Bergh in Antwerpen) wurde im Programmheft des ›Berliner Ensembles‹ abgebildet. Brecht legte großen Wert auf den Zusammenhang zwischen der »tollen Grete« und Grusche (vgl. SzT 6,369; B 662). Er lieferte damit einen interessanten Deutungsansatz, verkannte dabei aber wohl den Charakter der ›marodierenden Wahnsinnigen‹. Ohnehin ist das Werk in der Breughel-Forschung äußerst umstritten. Die *Dulle Griet* erscheint dort u. a. als »hermetisches Symbol des Unbewußten«, »Abbild der Gefahr, in welche jeder sich begibt, der verbotene Wege zu beschreiten wagt«, »Ebenbild des Malers«, »Projektion des Höllischen«, ja sogar als »kriegerisches Machtweib, vor dem selbst der Herr der Hölle zittert« (!). Wir wollen die phantasievollen ›Deutungen‹ lieber unkommentiert lassen. Sicher war Brecht nur daran interessiert, den unmittelbar erkennbaren Gestus des Leidens und der Verstörung aufzugreifen.

41 Vgl. zur Grusche-Figur auch: Walter Hinck, »Die ›große Helferin‹ im Drama Bertolt Brechts«, in: *Études Germaniques* 1 (1989) S. 79–93, vor allem S. 86–88. Gleichfalls in: W. H., *Theater der Hoffnung. Von der Aufklärung bis zur Gegenwart*, Frankfurt a. M. 1988, S. 123–128.

der Bühne zum Nacheinander. Mit der Rückblende inszeniert der Autor im »Vortrag des Sängers« für das Publikum
einen zweiten Durchgang durch die »Zeit der Unordnung«
(S 10,271). Erst der sechste Akt führt dann im Kreidekreis-
Urteil die Handlungsstränge zusammen.

Azdak, der Mann, welcher Gerechtigkeit gegen kodifi-
ziertes Recht setzt, ist »der Enttäuschte, der nicht zum Enttäuscher wird« (SzT 6,365). Er wird im Stück auf ziemlich
merkwürdige Weise eingeführt. Brecht legt besonderen
Wert darauf: »Der Azdak ist ein völlig lauterer Mann [. . .].
Anders wird dem Urteil mit dem Kreidekreis alle Gültigkeit entzogen« (SzT 6,370). An anderer Stelle dagegen nennt
er ihn den »niedrigste(n), verkommenste(n) aller richter«
(AJ 654). Der Dorfschreiber selbst bezeichnet sich bald als
»geistigen Menschen« (S 10,240), bald als »unwissenden«
(S 10,292). Wer nach einer Auflösung des Widerspruchs
sucht, kann sie nur im Wechsel der Zeitläufte finden. Als
guter Dialektiker paßt nämlich Azdak sein Verhalten wie
ein Chamäleon der jeweiligen Umgebung an. Wo Niedrig-
keit herrscht, gebärdet er sich niedrig, verkommen und un-
wissend. Sobald er den Eindruck gewinnt, frei handeln zu
können, zeigt er sein wahres Gesicht. Mit dem Aufstand,
glaubt er zunächst, sei »eine neue Zeit [. . .] gekommen«
(S 10,243). Rasch wird ihm indes klar, daß er einem gewalti-
gen Irrtum aufgesessen ist. Was er für eine Revolution hielt,
ist in Wahrheit ein bloßer Machtwechsel. Sein klassenkämp-
ferisches Lied von der Revolution in Persien bringt ihn in
Gefahr. Denn die Teppichweber mit der »persischen Krank-
heit« sind von den Panzerreitern »zu Brei geschlagen« worden (S 10,248). »In seiner enttäuschung darüber, daß mit
dem sturz der alten herrn nicht eine neue zeit kommt, sondern eine zeit neuer herrn«, liegt, Brecht zufolge, die »ele-
mentare causa gesellschaftlicher art« (AJ 650) für Azdaks
uneinheitliches Verhalten.

Allerdings muß es unter solchen Prämissen abwegig erscheinen, dem Dorfrichter die »enttäuschte Idealität des In-

tellektuellen« zugesprochen zu sehen.[42] Der »zerlumpt und
angetrunken« (SzT 6,237) auftretende Armeleuterichter und
Wilddieb ist alles andere als ein Idealist. »Für die Besetzung
des Azdak« hielt Brecht ausdrücklich den folgenden »Rat«
fest: »Es muß ein Schauspieler sein, der einen völlig lauteren
Mann darstellen kann. Der Azdak ist [. . .] ein enttäuschter
Revolutionär, der einen verlumpten Menschen spielt, so wie
beim Shakespeare die Weisen Narren spielen« (SzT 6,370).
Also keine Spur von Idealität. Aber wir erfahren hier, warum
diese Gestalt »die selbstsüchtigen, amoralischen, parasitären
züge« (AJ 650) trägt, die so sehr an den anarchischen Baal erinnern. Im Umgang mit der Macht ist der Dorfschreiber listig
wie Schweyk, in seinem sinnenfrohen Materialismus und seiner unheldischen Rationalität läßt er uns an Galilei denken.
Deshalb verfiel vermutlich Martin Esslin auf den Gedanken,
Brecht habe hier »ein dichterisch verklärtes und ins Überle-
bensgroße gesteigertes Selbstporträt gezeichnet«.[43] Derartiges
gilt für den »guten schlechten Richter« gewiß nicht mehr als
für andere Figuren Brechts. Gewonnen ist mit solchen Fest-
stellungen ohnedies nicht viel. Für das Verständnis der Persönlichkeit Azdaks wichtiger ist da die einfache Mitteilung
Schauwas, er sei »ein überlegener Mensch« (S 10,240). Mit anderen Worten: der den Narren spielende Weise durchschaut
die Zusammenhänge seiner korrumpierten Umwelt.

Als ihm blutig deutlich gemacht wird, daß er in einer
»Hundewelt« (S 10,283) lebt, muß Azdak endgültig erkennen: »die große Zeit ist nicht gekommen« (S 10,272). Mit dem
Lied vom Chaos (S 10,272–274) konkretisiert er noch einmal
die Erwartungen seiner Utopie und nimmt so zugleich davon Abschied. Aus dem Bewußtsein seiner Ohnmacht[44] her-

---

42 Gegen Knopf (s. Anm. 10) S. 261.
43 Martin Esslin, *Brecht. Das Paradox des politischen Dichters*, Frank-
    furt a. M. / Bonn 1962, S. 350.
44 Ohnmacht ist hier nicht bloß auf die Situation zu beziehen, in der Azdak
    tatsächlich »ohnmächtig« wird. Über den physischen Zustand hinaus gilt
    der Wortsinn auch der Bestimmung seiner Gesamtlage (vgl. hierzu:
    S 10,284).

aus entwickelt er die nötigen Konsequenzen für die Ausübung des ihm noch einmal zufallenden Richteramts. Gewiß spielt hier auf der einen Seite der Aspekt der »miserablen rechtsfindung« (AJ 650), der Justitia »mit gefälschter Waage« des »gezinkte(n) Recht(s) (S 10,271) herein. Entscheidend bleibt jedoch die von Azdak praktizierte Methode vernünftiger und wirklich ›gerechter‹ Rechtsfindung. Die Menschlichkeit seines sehr überlegten und souveränen Urteilens wiegt den »unkorrekten Austeiler des Rechts«[45] in ihm auf. Abermals also, wie bei Grusche, die Erfahrung von »Bereitschaft und Fähigkeit zur Produktivität«. – Vordergründiger Betrachtung mag ein solcher Richter als »Traumtänzer und Wirrkopf« vorkommen;[46] wer genauer hinschaut, wird in ihm den überzeugenden Repräsentanten natürlicher sozialer Phantasie und Vernunft erkennen. Dadurch erweist er sich letzten Endes gerade als »Enttäuschter, der nicht zum Enttäuscher wird«.

Geistige Partnerschaft erwächst Azdak in der legendären Gestalt des Sankt Banditus. Durch die ›Parallelaktion‹ des edlen Räubers Irakli bestätigt ihm der Autor die sozialmoralische Triftigkeit seines Tuns. Dies festzustellen ist schon deswegen wichtig, weil die legalistisch-distanzierte Betrachtung der Azdak-Figur zu gänzlich anderen Folgerungen führt. Wenn etwa Peter Badura urteilt: »Des Azdaks richterliche Tätigkeit ist nicht ›fortschrittlich‹, und nicht ein Ausdruck von ›Vernunft‹, sondern das Symptom für eine rechtlose Zeit und als Methode, um diese Rechtlosigkeit zu überwinden, eine Sackgasse«,[47] so ist das zweifellos in juristischer Hinsicht folgerichtig. Nur verfehlt eine derartige Interpretation just den Kern der Sache (und damit der Brechtschen Wirkungsabsicht), nämlich die poetische Chiffre eines für die Gesellschaft wichtigen Zeichens. So frag-

---

45 Elisabeth Hauptmann, »Der Armeleuterichter Azdak«, in: Mat. 137.
46 Gegen Karasek (s. Anm. 37) S. 20.
47 Peter Badura, »Die Gerechtigkeit des Azdak«, in: *Text und Kritik*, Sonderbd. Bertolt Brecht 1, München 1972, S. 100–106, hier S. 103.

würdig es sein mag, »das Kind der Herrin [...] zum Sohn ihrer Sklavin« zu machen, wie es im *Lied vom Chaos* heißt (S 10,273), eine »Sackgasse« ist es auf alle Fälle nicht, wenn »Arbeit« und »Freundlichkeit« zum Programm für die Gestaltung der zwischenmenschlichen Beziehungen erhoben werden. Der Wille zu einer neuen Humanität des praktischen Alltags hat hier natürliche Überzeugungskraft. Aber: die Utopie der Güte in einer guten Welt tut sich historisch schwer – bis auf den heutigen Tag. Es hat schon seine Gründe, daß Azdak unmittelbar nach der Urteilsverkündung Grusche den Rat gibt, schleunigst die Stadt zu verlassen und ebenso selbst am Schluß »in Gedanken« versunken dasteht (S 10,300), um sich dann gleichfalls aus dem Staub zu machen. Mithin endet Azdaks »Abenteuer der Vernunft« (Goethe) in der Dekonstruktion. Das äußerlich so glückhafte Märchenende löst sich mit den Hauptakteuren in nichts auf, »entschwindet, wie alles Schöne« (S 10,241). Zurück bleibt das aufregende Beispiel der ›Mutter Grusche‹ und des Richters Azdak sowie die Vision des nach ihm benannten Gartens. Insofern bestätigt sich am Stück Brechts der Satz Paul Eluards: »Die Erinnerung schwindet, aber das Bewußtsein hat Bestand«.

Envoi

Azdak und Grusche sind Vorläufige. Bisher hat sie die Geschichte noch nicht eingeholt. Brecht meinte – und das war sein Irrtum –, Grusches neue Mütterlichkeit und Azdaks neue Gerechtigkeit reichten bereits hinein in die sowjetische Wirklichkeit. Daß es dazu freilich nie gekommen ist, dafür haben Lenin, Stalin und ihre Nachfolger gründlich gesorgt. Die umfassende Diktatur der Partei erstickte jede sozialistische Regung im Keim. Der Gulag wurde zum wahren Symbol der verratenen Oktoberrevolution. Brecht wollte das nicht wahrhaben. Es war wohl falsch verstandene Parteilichkeit, die ihn letztlich daran gehindert hat. Das macht den *Kaukasischen Kreidekreis* gegenwärtig zu einem – jedenfalls hierzulande – kaum spielbaren Stück. Heiner Müller hatte durchaus recht mit seiner frühen Warnung vor dem »Erfolg« des Stückes, in dem er ein Zeichen dafür erkannte, daß statt »Theater als Prozeß« lediglich »Theater als Zustand«, also stagnierendes Theater, geboten werde.[48] Es ist demnach wirklich die Aufgabe künftiger Interpreten und Regisseure, die eingetretene ›Geschlossenheit‹ dieser dramatischen Parabel aufzubrechen, um so neue Zugänge zu eröffnen. Dann können die zur Darstellung kommenden Verhaltensmuster erneut als Angebot und Herausforderung für die Gesellschaft wirken. Dann, aber nur dann erweisen sich Grusche und Azdak als verläßliche Partner »mit praktischer veranlagung, selbst mit list und blick für menschliche eigenschaften« (AJ 662). An der Notwendigkeit solcher Impulse besteht kein Zweifel. Denn nach wie vor bestimmt die »giftige Geldwirtschaft« (Ludwig Börne) in unserer Gesellschaft den Lauf der Dinge.

Naturgemäß hat Brechts Parabel von der neuen Humanität in der bisherigen Rezeption sehr unterschiedliche Deutungen erfahren: autobiographische, aktualisierende, historisierende, entideologisierende und ideologische, sogar existentialistische. Gleichgültig, ob man nun »primitive sowjetische Propaganda« (Haas) oder eine »Hommage an die Sowjetunion« (Schumacher) unterstellt, ob *Der kaukasische Kreidekreis* als »sozialkritisch durchsetztes Rührstück« (Hensel), als »marxistische Parabel« (Hill) verstanden oder als Schlüsselstück über die Oktoberrevolution umgedeutet wird (Betty N. Weber), ob Azdak als »messianischer Richter«, Grusche als »samaritanische Magd« (Schöne) oder ihr Beispiel als »vorweggenommenes Paradies« sozialistischer Gerechtigkeit (Grimm) aufgefaßt werden, immer verengen sich dabei ›Weite und Vielfalt‹ der ästhetischen Konstruk-

---

48 Heiner Müller, *Theater-Arbeit*, Texte 4, Berlin 1975, S. 121. Ebenso im Brief an Martin Linzer (ebd., S. 126).

tion Brechts. Als solche hat das Stück bisher ohnehin kaum Berücksichtigung gefunden. Die erwähnten thematischen Ansätze bleiben allermeist im Detail hängen und verdecken so die gestalterische Grundstruktur. Sie umfaßt die drei folgenden Schwerpunkte: die sanfte Gewalt der Vernunft, die neue Menschlichkeit und die »Kunst als Beispiel«. Die dramatische Konstruktion Brechts verbindet alle drei Elemente in der künstlerischen Demonstration produktiver Haltungen. Dabei geht es nicht so sehr um die Frage von Bejahung oder Verneinung der dargestellten Wirklichkeit, als vielmehr um die Herausforderung für die Zukunft. Wie jeder gute Dialektiker pflegte Brecht seine Erwartungen in der Realität des Kommenden aufzuheben.

Literaturhinweise

Geißler, Rolf: Versuch über Brechts *Kaukasischen Kreidekreis*. Klassische Elemente in seinem Drama. In: Wirkendes Wort 2 (1959) S. 93–99.

Hecht, Werner (Hrsg.): Materialien zu Brechts *Der kaukasische Kreidekreis*. Frankfurt a. M. 1966.

Hinck, Walter: Theater der Hoffnung. Von der Aufklärung bis zur Gegenwart. Frankfurt a. M. 1988. S. 107–138.

Hurwicz, Angelika: Brecht inszeniert *Der kaukasische Kreidekreis*. Velber b. Hannover 1964.

Knopf, Jan: Brecht-Handbuch. Theater. Eine Ästhetik der Widersprüche. Stuttgart 1980. S. 254–271.

Mews, Siegfried: Bertolt Brecht, *Der kaukasische Kreidekreis*. Frankfurt a. M. [u. a.] 1980.

Müller, Klaus-Detlef (Hrsg.): Bertolt Brecht. Epoche – Werk – Wirkung. München 1985. S. 293–298.

– Kommentar. In GBA 8. S. 449–487.

Poser, Therese: Bertolt Brecht: *Der kaukasische Kreidekreis*. Interpretation. München 1972.

Weber, Betty Nance: Brechts *Kreidekreis*, ein Revolutionsstück. Interpretation mit Texten aus dem Nachlaß. Frankfurt a. M. 1978.

Bibliographische Hinweise

1. Ausgaben

Versuche. 1–15. 4 Bde. Frankfurt a. M.: Suhrkamp, 1977. [Erstdr.: B. B.: Versuche. 1–8. Berlin: Kiepenheuer, 1930–33. – Nachdr. Berlin / Frankfurt a. M.: Suhrkamp, 1959 / Berlin: Aufbau-Verlag, 1963. Versuche. 9–15. Berlin: Suhrkamp / Berlin: Aufbau-Verlag, 1949–56.]

Gesammelte Werke. London: Malik-Verlag, 1938. [Nur 2 Bde. ersch. – Enth. die Stücke aus der Weimarer Republik und der ersten Zeit des Exils.]

Stücke. 14 Bde. Frankfurt a. M.: Suhrkamp, 1953–67. – Dass.: Berlin: Aufbau-Verlag, 1953–67. – [Zit. als: S.]

Schriften zum Theater. 7 Bde. Frankfurt a. M.: Suhrkamp, 1963–64. – Dass.: Berlin/Weimar: Aufbau-Verlag, 1963–64.

Gesammelte Werke in 20 Bänden. werkausgabe edition suhrkamp. Hrsg. vom Suhrkamp-Verlag in Zsarb. mit Elisabeth Hauptmann. Frankfurt a. M.: Suhrkamp, 1967. [Auch als Dünndruckausg. in 8 Bdn. ersch. – Textgleich mit dieser Ausgabe ›letzter Hand‹: B. B.: Die Stücke in einem Band. Frankfurt a. M.: Suhrkamp, 1978, sowie die als nichtkritische Leseausgaben in der »edition suhrkamp« erhältlichen Texte.] – [Zit. als: GW.]

Werke. Große kommentierte Berliner und Frankfurter Ausgabe. [Geplant:] 30 Bde. Bd. 1 ff. Hrsg. von Werner Hecht, Jan Knopf, Werner Mittenzwei, Klaus-Detlef Müller. Berlin / Weimar / Frankfurt a. M.: Aufbau-Verlag / Suhrkamp, 1988 ff. [Zit. als: GBA.]

Briefe. 2 Bde. Hrsg. und komm. von Günter Glaeser. Frankfurt a. M.: Suhrkamp, 1981. [Zit. als: B.]

2. Bibliographien und Zeitschriften

Jan Knopf: Bertolt Brecht. Ein kritischer Forschungsbericht. Fragwürdiges in der Brecht-Forschung. Frankfurt a. M.: Athenäum-Fischer, 1974.

Gerhard Seidel: Bibliographie Bertolt Brecht. Titelverzeichnis. Berlin/Weimar: Aufbau-Verlag, 1975 ff. Bd. 1: Deutschsprachige Veröffentlichungen aus den Jahren 1913–1972. Werke von Brecht, Sammlungen, Dramatik. 1975.

Stefan Bock: Brecht, Bertolt. Auswahl- und Ergänzungsbibliographie. Bochum: Brockmeyer, 1979.

Brecht heute / Brecht today. Jahrbuch der Internationalen Brecht-Gesellschaft. 3 Bde. Frankfurt a. M.: Athenäum, 1971–73.
Brecht-Jahrbuch. Hrsg. von John Fuegi, Reinhold Grimm, Jost Hermand in Verb. mit [. . .] und der Internationalen Brecht-Gesellschaft. Frankfurt a. M.: Suhrkamp, 1975–80 [1981]. Ab 11 (1982) [1983] Brecht yearbook. 14 (1989) ff. Madison: Wisconsin Press.
Bertolt-Brecht-Archiv. Bestandsverzeichnis des literarischen Nachlasses. Bearb. von Herta Ramthun. Berlin/Weimar: Aufbau-Verlag. Bd. 1: Stücke. 1969. Bd. 2: Gedichte. 1970. Bd. 3: Prosa, Filmtexte, Schriften. 1972. Bd. 4: Gespräche, Notate, Arbeitsmaterialien. 1973.
Brecht-Journal. 2 Bde. Hrsg. von Jan Knopf. Frankfurt a. M.: Suhrkamp, 1983–86.

3. Selbstzeugnisse

Bertolt Brecht: Arbeitsjournal. 1938–1955. 2 Bde. Hrsg. von Werner Hecht. Frankfurt a. M.: Suhrkamp, 1973.
Bertolt Brecht: Tagebücher 1920–1922. Autobiographische Aufzeichnungen 1920–1954. Hrsg. von Herta Ramthun. Frankfurt a. M.: Suhrkamp, 1978.

Bertolt Brecht, 1898–1956. Zeit, Leben, Werk. Eine Bildmappe. Hrsg. von Werner Hecht und Karl-Heinz Drescher. Berlin: Henschelverlag, 1978.
Bertolt Brecht. Sein Leben in Bildern und Texten. Hrsg. von Werner Hecht. Vorwort von Max Frisch. Frankfurt a. M.: Suhrkamp, 1978.
Brecht im Gespräch. Diskussionen, Dialoge, Interviews. Hrsg. von Werner Hecht. Frankfurt a. M.: Suhrkamp, 1975. – Dass.: Berlin: Henschelverlag, 1977. ²1979.

4. Forschungsliteratur

Bertolt Brecht. 2 Bde. Hrsg. von Heinz Ludwig Arnold. München 1972–73. (Text + Kritik. Sonderbände Bertolt Brecht.) – Neuaufl. von Bd. 1: ²1978.

Bertolt Brecht. Aspekte seines Werkes, Spuren seiner Wirkung. Hrsg. von Helmut Koopmann und Theo Stammen. München 1983.

Bertolt Brecht – Die Widersprüche sind die Hoffnungen. Vorträge des Internationalen Symposiums zum dreißigsten Todesjahr Bertolt Brechts in Roskilde 1986. Hrsg. von Wolf Wucherpfennig und Klaus Schulte. München 1988.

Fischer, Matthias-Johannes: Brechts Theatertheorie. Forschungsgeschichte – Forschungsstand – Perspektiven. Frankfurt a. M. [u. a.] 1989.

Funke, Christoph: Zum Theater Brechts. Kritiken, Berichte, Beschreibungen aus drei Jahrzehnten. Berlin 1990.

Grimm, Reinhold: Bertolt Brecht. Stuttgart 1961. ³1971. (Sammlung Metzler. 4.)

Heinze, Helmut: Brechts Ästhetik des Gestischen. Versuch einer Rekonstruktion. Heidelberg 1992.

Joost, Jörg-Wilhelm / Müller, Klaus-Detlef / Voges, Michael: Bertolt Brecht. Epoche, Werk, Wirkung. München 1985.

Kim, Hyung-Ki: Eine vergleichende Untersuchung zu Brechts Theatertheorien im *Messingkauf* und im *Kleinen Organon für das Theater*. Frankfurt a. M. 1992.

Kirsch, Hans-Christian: In Baals Welt. Kindheit und Jugend des Bert Brecht. Augsburg 1994.

Knopf, Jan: Bertolt Brecht. Ein kritischer Forschungsbericht. Frankfurt a. M. 1974.

– Brecht-Handbuch. Eine Ästhetik der Widersprüche. Bd. 1: Theater. Bd. 2: Lyrik, Prosa, Schriften. Stuttgart 1980–84.

Kobel, Jan: Kritik als Genuß. Über die Widersprüche der Brechtschen Theatertheorie und die Unfähigkeit der Literaturwissenschaft, sie zu kritisieren. Frankfurt a. M. [u. a.] 1992.

Krabiehl, Klaus-Dieter: Brechts Lehrstücke. Entstehung und Entwicklung eines Spieltyps. Stuttgart 1993.

Mayer, Hans: Anmerkungen zu Brecht. Frankfurt a. M. 1965 [u. ö.].

– Brecht in der Geschichte. Drei Versuche. Frankfurt a. M. 1971.

Mittenzwei, Werner: Das Leben des Bertolt Brecht oder Der Umgang mit den Welträtseln. 2 Bde. Berlin/Weimar 1986. [Auch:] Frankfurt a. M. 1987.

Müller, Klaus-Detlef: Brecht-Kommentar zur erzählenden Prosa. München 1980.

Schöttker, Detlev: Bertolt Brechts Ästhetik des Naiven. Stuttgart 1989.

Vellusig, Robert Heinz: Dramatik im Zeitalter der Wissenschaft. Die Fiktionen des Bertolt Brecht. Erlangen 1989.

Völker, Klaus: Brecht-Kommentar. Bd. 3: Zum dramatischen Werk. München 1983.

Wende-Hohenberger, Waltraud: Über experimentelles Theater. Bertolt Brechts Konzept eines ›neuen‹ Theaters der Zukunft. In: Diagonal. Jg. 1992. H. 1. S. 239–254.

Zu Bertolt Brecht. Parabel und episches Theater. Hrsg. von Theo Buck. Stuttgart 1979. ²1983.

Die Autoren der Beiträge

Theo Buck

Geboren 1930. Studium der Germanistik, Romanistik und Geschichte an der Universität Tübingen. Dr. phil. Mehrjähriger Auslandsaufenthalt für den Deutschen Akademischen Austauschdienst. 1973–79 Professor für Neuere deutsche Literatur an der Universität Göttingen. Gastprofessuren an den Universitäten Paris III (Sorbonne Nouvelle, Asnières), Paris IV (Sorbonne, Grand Palais), São Paulo und Antwerpen sowie am Middlebury College (Vermont, USA). Seit 1979 Professor an der Rheinisch-Westfälischen Technischen Hochschule Aachen.

Publikationen: Die Entwicklung des deutschen Alexandriners. 1957. – Brecht und Diderot oder Über die Schwierigkeiten der Rationalität in Deutschland. 1971. – Charaktere, Gestalten. Büchner-Studien. 1990. – Muttersprache – Mördersprache. Celan-Studien. 1993. – (Mithrsg.) Interpretationen zu Bertolt Brecht. 1979. – Zahlreiche Aufsätze. Mithrsg. der Reihe *Literaturwissenschaft – Gesellschaftswissenschaft* (LGW) sowie verschiedener Sammelbände zur Gegenwartsliteratur. Hrsg. der Reihe *Literarhistorische Untersuchungen*.

Wolfgang Frühwald

Geboren 1935. Studium der Germanistik, Geschichte, Geographie und Philosophie an der Universität und der Technischen Hochschule München. Dr. phil. Professor an der Universität München. Seit 1992 Präsident der Deutschen Forschungsgemeinschaft.

Publikationen: Der St. Georgener Prediger. Studien zur Wandlung des geistlichen Gehalts. 1963. – Ruhe und Ordnung. Literatursprache – Sprache der politischen Werbung. 1976. – Das Spätwerk Clemens Brentanos (1815–1842). Romantik im Zeitalter der Metternichschen Restauration. 1977. – Eichendorff-Chronik. Daten zu Leben und Werk. 1977. – Der Fall Toller. Komm. und Mat. 1979. – Ernst Toller: Gesammelte Werke. 1978. – Gedichte der Romantik. 1984. – Geisteswissenschaften heute. 1991. – (Mithrsg.) Clemens Brentano: Sämtliche Werke und Briefe. Hist.-krit. Ausg. 1975 ff. – (Mithrsg.) Adalbert Stifter: Werke und Briefe. Hist.-krit. Gesamtausg. 1979 ff. – Zahlreiche Aufsätze, Artikel und Rezensionen zur deutschen Literatur vom Mittelalter bis zur Gegenwart.

Reinhold Grimm

Geboren 1931. Studium der Germanistik, Philosophie und Theater-
wissenschaft in Erlangen und Boulder (Colorado). Dr. phil. Ph. D.
h. c. / Professor of German and Comparative Literature an der University of California (Riverside).

Publikationen: Gottfried Benn. Die farbliche Chiffre in der Dichtung. 1958. – Bertolt Brecht. Die Struktur seines Werkes. 1959. –
Bertolt Brecht. 1961. ³1971. – Bertolt Brecht und die Weltliteratur.
1961. – Strukturen. Essays zur deutschen Literatur. 1963. Nach dem
Naturalismus. Essays zur modernen Dramatik. 1978. – Brecht und
Nietzsche oder Geständnisse eines Dichters. 1979. – Von der Armut
und vom Regen. Rilkes Antwort auf die soziale Frage. 1981. – (Mit
Walter Hinck) Zwischen Satire und Utopie. 1982. – Texturen: Es-
says und anderes zu Hans Magnus Enzensberger. 1984. – Love,
Lust and Rebellion: New Approaches to Georg Büchner. 1985. –
Echo and Disguise: Studies in German and Comparative Literature.
1989. – Ein iberischer »Gegenentwurf«? Antonio Buero Vallejo,
Brecht und das moderne Welttheater. 1991. – Versuche zur europäischen Literatur. 1994. – (Hrsg.) Episches Theater. 1966. – (Hrsg.,
mit Jost Hermand) Die sogenannten Zwanziger Jahre. 1970. –
(Hrsg.) Deutsche Dramentheorien. 1971. – (Hrsg., mit Jost Hermand) Die Klassik-Legende. 1971. – (Hrsg., mit Jost Hermand) Exil
und innere Emigration. 1972. – (Hrsg., mit Jost Hermand) Popula-
rität und Trivialität. 1974. – (Hrsg., mit Jost Hermand) Deutsches
utopisches Denken im 20. Jahrhundert. 1974. – (Hrsg., mit Klaus L.
Berghahn) Wesen und Formen des Komischen im Drama. 1975. –
(Hrsg., mit Jost Hermand) Realismustheorien. 1975. – (Hrsg., mit
Jost Hermand) Geschichte im Gegenwartsdrama. 1976. – (Hrsg.,
mit Jost Hermand) Deutsche Feiern. 1977. – (Hrsg., mit Jost Hermand) Karl Marx und Friedrich Nietzsche. 1978. – (Hrsg., mit Jost
Hermand) Arbeit als Thema in der deutschen Literatur vom Mittelalter bis zur Gegenwart. 1979. – (Hrsg., mit Jost Hermand) Faschismus und Avantgarde. 1980. – (Hrsg., mit Jost Hermand) Natur und
Natürlichkeit. Stationen des Grünen in der deutschen Literatur.
1981. – (Hrsg., mit Peter Spycher und Richard Zipser) From Kafka
and Dada to Brecht and Beyond. 1982. – (Hrsg., mit Jost Hermand)
Vom Anderen und vom Selbst. Beiträge zu Fragen der Biographie
und Autobiographie. 1982. – (Hrsg.) Hans Magnus Enzensberger.
1984. – (Hrsg., mit Jost Hermand) Blacks and German Culture.
1986. – (Hrsg., mit Jost Hermand) Our *Faust*? Roots and Ramifica-

tions of a Modern German Myth. 1987. – (Hrsg., mit Jost Hermand) From Ode to Anthem: Problems of Lyric Poetry. 1989. – (Hrsg., mit Klaus L. Berghahn) Utopian Vision, Technological Innovation and Poetic Imagination. 1990. – (Hrsg., mit Rolf Kieser) Frank Wedekind Yearbook 1991. 1991. – (Hrsg., mit Jost Hermand) 1914/1939: German Reflections of the Two World Wars. 1992. – (Hrsg., mit Jost Hermand) Re-Reading Wagner. 1993. – (Hrsg., mit Caroline Molina y Vedia) Gerhart Hauptmann. Plays. 1994. – (Hrsg., mit Jost Hermand) High and Low Cultures: German Attempts at Mediation. 1994. – (Hrsg., mit Caroline Molina y Vedia) Friedrich Nietzsche, Philosophical Writings. 1995. – Mithrsg. u. a. der Zeitschriften *Text & Kontext* und *Études germano-africaines* sowie verschiedener wissenschaftlicher Reihen. – Aufsätze, Rundfunkbeiträge, Rezensionen und Übersetzungen.

WALTER HINCK

Geboren 1922. Studium der Germanistik, Philosophie, Soziologie und Kunstgeschichte in Göttingen. Dr. phil. Professor für Neuere deutsche Sprache und Literatur an der Universität Köln.

Publikationen: Die Dramaturgie des späten Brecht. 1959. [6]1977. – Das deutsche Lustspiel des 17. und 18. Jahrhunderts. 1965. – Die deutsche Ballade von Bürger bis Brecht. 1968. [3]1978. – Das moderne Drama in Deutschland. Vom expressionistischen zum dokumentarischen Theater. 1973. – Von Heine zu Brecht – Lyrik im Geschichtsprozeß. 1978. – (Mit Reinhold Grimm) Zwischen Satire und Utopie. Zur Komiktheorie und zur Geschichte der europäischen Komödie. 1982. – Goethe – Mann des Theaters. 1982. – Germanistik als Literaturkritik. 1983. – Theater der Hoffnung. Von der Aufklärung bis zur Gegenwart. 1988. – Die Wunde Deutschland. Heinrich Heines Dichtung im Widerstreit von Nationalidee, Judentum und Antisemitismus. 1990. – Walter Jens. Un homme de lettres. 1993. – Magie und Tagtraum. Das Selbstbild des Dichters in der deutschen Lyrik. 1994. – Geschichtsdichtung. 1995. – (Hrsg.) Neues Handbuch der Literaturwissenschaft. Bd. 11: Europäische Aufklärung. T. 1. 1974. – (Hrsg.) Die deutsche Komödie. Vom Mittelalter bis zur Gegenwart. 1977. – (Hrsg.) Textsortenlehre – Gattungsgeschichte. 1977. – (Hrsg.) Ausgewählte Gedichte Brechts mit Interpretationen. 1978. – (Hrsg.) Sturm und Drang. Ein literaturwissenschaftliches Studienbuch. 1978. – (Hrsg.) Geschichte im Gedicht. 1979. – (Hrsg.)

Handbuch des deutschen Dramas. 1980. – (Hrsg.) Rolf Hochhuth – Eingriff in die Zeitgeschichte. 1981. – (Hrsg.) Geschichte als Schauspiel. 1981. – (Hrsg.) Gedichte und Interpretationen. Bd. 6: Gegenwart. 1982. – (Hrsg.) Heinrich Böll: Erzählungen. 1984. – (Hrsg.) Schläft ein Lied in allen Dingen. Poetische Manifeste von Walther von der Vogelweide bis zur Gegenwart. 1985. – (Hrsg.) Erzählungen vom Leben auf dem Lande. 1985.

WALTER HINDERER

Geboren 1934. Studium der Germanistik, Philosophie, Anglistik und Geschichte in Tübingen und München. Dr. phil. Professor für Neuere deutsche Literatur an der Princeton University.

Publikationen: Die »Todeserkenntnis« in Hermann Brochs *Tod des Vergil.* 1961. – Elemente der Literaturkritik. 1976. – Büchner-Kommentar zum dichterischen Werk. 1977. – Der Mensch in der Geschichte. Ein Versuch über Schillers *Wallenstein.* 1980. – Über deutsche Literatur und Rede. Historische Interpretationen. 1981. – Arbeit an der Gegenwart. Zur deutschen Literatur nach 1945. 1994. – (Hrsg.) Ludwig Börne: Menzel der Franzosenfresser und andere Schriften. 1969. – (Hrsg.) Christoph Martin Wieland: Hann und Gulpenheh. Schach Lolo. 1970. – (Hrsg., mit Joseph Strelka) Moderne amerikanische Literaturtheorien. 1970. – (Hrsg.) Deutsche Reden. 1973 [u. ö.]. – (Hrsg.) Die Sickingen-Debatte. 1974. – (Hrsg.) Geschichte der politischen Lyrik in Deutschland. 1978. – (Hrsg.) Kleists Dramen. Neue Interpretationen. 1981. – (Hrsg.) Heinrich von Kleist. Plays. 1982. – (Hrsg.) Literarische Profile. Deutsche Dichter von Grimmelshausen bis Brecht. 1982. – (Hrsg.) Friedrich Schiller. Plays. 1983. – (Hrsg.) Geschichte der deutschen Lyrik vom Mittelalter bis zur Gegenwart. 1983. – (Hrsg., mit Henry Schmidt) Georg Büchner. Complete Works and Letters. 1986. – (Hrsg.) Friedrich Schiller: *Wallenstein* and *Maria Stuart.* 1991. – (Hrsg.) Goethes Dramen. 1992. – (Hrsg.) Schillers Dramen. 1992. – (Hrsg., mit D. O. Dahlstrom) Friedrich Schiller: Essays. 1993. – Zahlreiche Aufsätze, literaturkritische Arbeiten, Essays und Rezensionen.

Gert Sautermeister

Geboren 1940. Studium der Germanistik und Romanistik in Tübingen, Wien, Paris und München. Dr. phil. Professor für Neuere deutsche Literaturgeschichte an der Universität Bremen.

Publikationen: Idyllik und Dramatik im Werk Friedrich Schillers. Zum geschichtlichen Ort seiner klassischen Dramen. 1971. – Gottfried Keller: *Der grüne Heinrich.* In: Romane und Erzählungen des Bürgerlichen Realismus. Neue Interpretationen. 1980. Rev. Fass. in: Interpretationen: Romane des 19. Jahrhunderts. 1992. – Thomas Mann: Mario und der Zauberer. 1981. – Vom Werther zum Wanderer zwischen den Welten. Über die metaphysische Obdachlosigkeit bürgerlicher Jugend. In: »Mit uns zieht die neue Zeit«. Der Mythos Jugend. 1985. – Gottfried Keller: In: Deutsche Dichter. Leben und Werk deutschsprachiger Autoren. Bd. 6. 1989. – Georg Christoph Lichtenberg. 1993. – (Mithrsg. und Übers.) Louis-Ferdinand Céline: Kanonenfutter. 1977. – (Hrsg., mit Jochen Vogt) Text und Geschichte. Modellanalysen zur deutschen Literatur. 1980 ff. – (Hrsg., mit Hans-Wolf Jäger) Neue Bremer Beiträge. 1983 ff. – (Hrsg., mit Dirk Grathoff und Günter Oesterle) Kulturwissenschaftliche Studien zur deutschen Literatur. 1989 ff. – Zahlreiche Aufsätze zur Literatur des 18., 19. und 20. Jahrhunderts. Lexikonartikel zur deutschen und französischen Literatur, Radio- und Feuilletonbeiträge.

Gert Ueding

Geboren 1942. Studium der Germanistik, Philosophie, Kunstgeschichte und Rhetorik in Köln und Tübingen. Dr. phil. Professor für Allgemeine Rhetorik an der Universität Tübingen.

Publikationen: Schillers Rhetorik. Idealistische Wirkungsästhetik und rhetorische Tradition. 1971. – Glanzvolles Elend. Versuch über Kitsch und Kolportage. 1973. – Wilhelm Busch. Das 19. Jahrhundert en miniature. 1977. – Hoffmann und Campe. Ein deutscher Verlag. 1981. – Rhetorik des Schreibens. Eine Einführung. 1985. ³1991. – (Mit Bernd Steinbrink) Grundriß der Rhetorik. Geschichte, Technik, Methode. 1986. ³1994. – Die anderen Klassiker. Literarische Porträts aus zwei Jahrhunderten. 1986. – Klassik und Romantik. Deutsche Literatur im Zeitalter der Französischen Revolution 1789–1815. 1987. – Friedrich Schiller. 1990. – Aufklärung über Rhetorik. Versuche über Beredsamkeit, ihre Theorie und praktische Be-

währung. 1992. – Jean Paul. 1993. – Klassische Rhetorik. 1995. –
(Hrsg.) Ernst Bloch: Ästhetik des Vor-Scheins. 1974. – (Hrsg.)
Adolph Freiherr von Knigge: Über den Umgang mit Menschen.
1977. [12]1993. – (Hrsg.) Literatur ist Utopie. 1978. – (Hrsg.) Adolf
Glaßbrenner: Welt im Guckkasten. Ausgewählte Werke. 1985. –
(Hrsg.) Karl-May-Handbuch. 1987. – (Hrsg.) Wilhelm Busch: Ausgewählte Werke. 1988. – (Hrsg.) Rhetorik zwischen den Wissen-
schaften. Geschichte, System, Praxis als Probleme des *Historischen
Wörterbuches der Rhetorik*. 1991. – Zahlreiche Aufsätze zu Philosophie, Literatur und Rhetorik. – Mithrsg. des *Historischen Wörterbuches der Rhetorik* sowie des internationalen Jahrbuchs *Rhetorik*
und der Reihe *Rhetorik-Forschungen*.

Interpretationen

IN RECLAMS UNIVERSAL-BIBLIOTHEK

Romane des 19. Jahrhunderts

Tieck, *Franz Sternbalds Wanderungen* – Hölderlin, *Hyperion* – Schlegel, *Lucinde* – Novalis, *Heinrich von Ofterdingen* – Jean Paul, *Flegeljahre* – Eichendorff, *Ahnung und Gegenwart* – Hoffmann, *Kater Murr* – Mörike, *Maler Nolten* – Keller, *Der grüne Heinrich* – Stifter, *Der Nachsommer* – Raabe, *Stopfkuchen* – Fontane, *Effi Briest.* 423 S. UB 8418

Georg Büchner

Dantons Tod – Lenz – Leonce und Lena – Woyzeck. 218 S. UB 8415

Fontanes Novellen und Romane

Vor dem Sturm – Grete Minde – L'Adultera – Schach von Wuthenow – Unterm Birnbaum – Irrungen, Wirrungen – Quitt – Effi Briest – Frau Jenny Treibel – Der Stechlin – Mathilde Möhring. 304 S. UB 8416

Dramen des Naturalismus

Hauptmann, *Vor Sonnenaufgang* – Sudermann, *Die Ehre* – Holz / Schlaf, *Die Familie Selicke* – Hauptmann, *Die Weber* – Schlaf, *Meister Oelze* – Hauptmann, *Der Biberpelz* – Halbe, *Der Strom* – Hauptmann, *Die Ratten.* 216 S. UB 8412

Brechts Dramen

Grundzüge der Brechtschen Dramen- und Theatertheorie – *Baal – Leben des Galilei – Mutter Courage und ihre Kinder – Der gute Mensch von Sezuan – Der kaukasische Kreidekreis.* 188 S. UB 8813

Romane des 20. Jahrhunderts. Band 1

H. Mann, *Der Untertan* – Th. Mann, *Der Zauberberg* – Kafka, *Der Proceß* – Hesse, *Der Steppenwolf* – Döblin,

Berlin Alexanderplatz – Musil, *Der Mann ohne Eigenschaften* – Kästner, *Fabian* – Broch, *Die Schlafwandler* – Roth, *Radetzkymarsch* – Seghers, *Das siebte Kreuz* – Jahnn, *Fluß ohne Ufer.* 400 S. UB 8808

Romane des 20. Jahrhunderts. Band 2

Doderer, *Die Strudlhofstiege* – Koeppen, *Tauben im Gras* – Andersch, *Sansibar oder der letzte Grund* – Frisch, *Homo faber* – Grass, *Die Blechtrommel* – Johnson, *Mutmassungen über Jakob* – Böll, *Ansichten eines Clowns* – S. Lenz, *Deutschstunde* – Schmidt, *Zettels Traum* – Handke, *Der kurze Brief zum langen Abschied.* 301 S. UB 8809

Thomas Mann, Romane und Erzählungen

Buddenbrooks – *Tristan* – *Tonio Kröger* – *Der Tod in Venedig* – *Der Zauberberg* – *Mario und der Zauberer* – *Joseph und seine Brüder* – *Lotte in Weimar* – *Das Gesetz* – *Doktor Faustus* – *Bekenntnisse des Hochstaplers Felix Krull.* 360 S. UB 8810

Franz Kafka, Romane und Erzählungen

Das Urteil – *Die Verwandlung* – *Der Verschollene* – *Der Proceß* – *Vor dem Gesetz* – *In der Strafkolonie* – *Ein Bericht für eine Akademie* – *Ein Landarzt* – *Auf der Galerie* – *Der Kübelreiter* – *Das Schloß* – *Ein Hungerkünstler.* 320 S. UB 8811

Hermann Hesse, Romane

Unterm Rad – *Demian* – *Siddhartha* – *Der Steppenwolf* – *Narziß und Goldmund* – *Das Glasperlenspiel.* 175 S. UB 8812

Philipp Reclam jun. Stuttgart

Gedichte und Interpretationen

Philipp Reclam jun. Stuttgart